国家自然科学基金青年基金项目(项目批准号:41101547)
项目名称:废弃地形成的多主体防治行为与土地利用空间规划的耦合研究——以江苏省为例

废弃地形成的多主体防治行为研究
——以江苏省典型村镇为例

张丽芳 著

·南京·

内容提要

本书以土地资源的集约利用与可持续发展为导向,以废弃地的防治与利用为研究目的,通过对废弃地概念内涵的界定、分类体系的划分,提出了多主体的研究方法,构建了废弃地的形成机理以及防治利用的耦合路径,为土地集约利用的研究提供了新的思路。本书可作为土地利用与规划、土地整治、土地集约利用等相关领域的研究者和从业者的业务参考用书。

图书在版编目(CIP)数据

废弃地形成的多主体防治行为研究:以江苏省典型村镇为例/张丽芳著. —南京:东南大学出版社,2018.12
 ISBN 978-7-5641-8149-9

Ⅰ.①废… Ⅱ.①张… Ⅲ.①农村—土地资源—资源利用—研究—江苏 Ⅳ.①F323.211

中国版本图书馆 CIP 数据核字(2018)第 279603 号

废弃地形成的多主体防治行为研究——以江苏省典型村镇为例

著　　者	张丽芳
出版发行	东南大学出版社
出 版 人	江建中
社　　址	南京市四牌楼2号
邮　　编	210096
经　　销	全国各地新华书店
印　　刷	虎彩印艺股份有限公司
开　　本	700 mm×1000 mm　1/16
印　　张	11
字　　数	180 千字
版　　次	2018年12月第1版
印　　次	2018年12月第1次印刷
书　　号	ISBN 978-7-5641-8149-9
定　　价	42.00元

(本社图书若有印装质量问题,请直接与营销部联系。电话:025-83791830)

前　言

　　土地资源是人类生存与发展的最基本载体。合理利用土地资源，充分发挥现有土地资源的可利用潜力是土地利用可持续发展的重要目标。改革开放以来，随着社会变迁、转型的不断加快，特别是我国正处于工业化、城镇化快速发展时期，大量农地非农化，土地资源供给矛盾不断加剧。但与此同时，废弃地数量也在迅速增加，这不仅浪费了紧缺的土地资源，加剧了人地矛盾，而且也给人们的生产生活造成了环境危害，并因生态环境的恶化而影响着社会经济的可持续发展。

　　本书针对我国当前各种废弃地的现状，以土地的合理利用和可持续发展为指导思想，综合运用系统科学、人地协调、生命周期以及行为科学和规划的理论与方法，在回顾废弃地相关研究的基础上，从国内外废弃地概念的起源与发展入手，分析梳理了废弃地概念在不同国家、不同机构以及不同学科领域的内涵界定的差异。基于此界定了适合于我国发展特点的废弃地概念，并建立了废弃地概念的判别模型。同时为了更加具体地有针对性地研究废弃地，本书通过对土地利用方式、地形地貌以及周围环境三个影响因素的分析，确立了景观生态分类的分类方法，将废弃地划分为2个一级类型即未利用地和仍在利用的废弃地，5个二级类型即闲置地、污染地、损毁地、退化地和低效用地，并根据防治措施和改造利用方向一致性的原则又将二级类型细化为17个三级类型。

　　为了更加深入地分析废弃地形成发生的机理过程，本书从宏观和微观两个层面入手，对废弃地形成的机理进行了系统地分析。宏观层面来看，一方面产业结构调整、信息产业发展以及城镇化的快速发展，都会导致闲置土地、闲置居民点以及撂荒地的产生；另一方面自然条件、社会经济以及人文因素对废弃地的形成也有一定的影响，其中自然条件是废弃地形成的基础，宏观社会经济背景为废弃地的形成提供了条件，而人文因素对废弃地的形成起了直接推动作用。微观层面来看，作为土地利用与决策的微观主体，其对废弃地形成的影响更为直接，因此本书引入多主体的概念模型对多个微观主体行为以及主体间的行为交互作用进行了系统地分析，以更加深入地探讨废弃地形成的机理。本书中将主体确定为农户、企业和政府，并对主体行为进行了界定分析，即农户主体行为分为农户的生产行为和建房行为；企业主体行为分为企业的占地行为、搬迁行为和生产行为；政府主体行为分为政府的用地政策行为和建设行为。在分析主体之间交互行为的基础上构建了废弃地形成的多主体概念模型。

为了实现废弃地"治"与"用"的结合，本书探讨了废弃地防治与土地利用耦合的途径即参与式规划，构建了参与式土地开发整理规划的框架。同时，通过选择以矿业废弃地为主的徐州大吴镇和以闲置废弃地为主的经济发达地区苏州高新区两个典型区域进行了实证分析，以期对废弃地的防治研究能够应用到实践，推动土地资源的集约利用，实现社会经济的可持续发展。

本书所用数据均为本人在多年研究中积累，时至今日整理成书，希望通过该著作能够引起更多的人关注废弃地，珍惜和保护土地资源。

由于作者水平有限，书中难免有错缺之处，敬请同行、专家和谦者批评指正，不胜感谢！

著 者
2018 年 8 月

目　　录

1 绪论 ………………………………………………………………（1）

1.1 研究背景 ………………………………………………………（1）

1.1.1 土地资源的供需矛盾制约着社会经济的发展 ………………（1）

1.1.2 废弃地的形成影响土地利用系统的可持续发展 ……………（2）

1.2 废弃地相关研究进展 …………………………………………（3）

1.2.1 废弃地研究的发展历程 ………………………………………（3）

1.2.2 废弃地分类研究 ………………………………………………（6）

1.2.3 废弃地形成的机理研究 ………………………………………（10）

1.2.4 废弃地防治研究的理论方法 …………………………………（12）

1.2.5 研究述评 ………………………………………………………（14）

1.3 研究理论基础 …………………………………………………（15）

1.3.1 人地协调理论 …………………………………………………（16）

1.3.2 系统科学理论 …………………………………………………（17）

1.3.3 生命周期理论 …………………………………………………（18）

1.3.4 行为科学理论 …………………………………………………（19）

1.3.5 规划理论 ………………………………………………………（21）

1.4 研究目的与意义 ………………………………………………（22）

1.4.1 研究目的 ………………………………………………………（22）

1.4.2 研究意义 ………………………………………………………（23）

1.5 主要研究内容 …………………………………………………（24）

1.6 研究方法与技术路线 …………………………………………（25）

1.6.1 研究方法 ………………………………………………………（25）

1.6.2 技术路线 ………………………………………………………（26）

2 废弃地的概念与分类 …… (28)

2.1 废弃地的概念 …… (28)
- 2.1.1 国内外废弃地概念的起源与发展 …… (28)
- 2.1.2 废弃地内涵的界定 …… (30)
- 2.1.3 废弃地的特征 …… (32)

2.2 废弃地的分类 …… (33)
- 2.2.1 废弃地分类概述 …… (33)
- 2.2.2 废弃地分类的方法、依据和原则 …… (35)
- 2.2.3 废弃地分类系统 …… (37)

2.3 本章小结 …… (39)

3 废弃地形成的宏观机理 …… (41)

3.1 废弃地形成的宏观背景 …… (42)
- 3.1.1 经济全球化的发展 …… (42)
- 3.1.2 城市化的发展 …… (44)

3.2 废弃地形成的驱动因素分析 …… (46)
- 3.2.1 自然条件因素 …… (46)
- 3.2.2 社会因素 …… (47)
- 3.2.3 经济因素 …… (48)
- 3.2.4 人口文化因素 …… (50)

3.3 废弃地形成的宏观驱动机理 …… (50)
- 3.3.1 宏观背景环境的作用机理 …… (50)
- 3.3.2 自然条件因素的基础作用机理 …… (51)
- 3.3.3 人文要素的作用机理 …… (52)

3.4 废弃地形成的驱动力分析 …… (53)

3.5 本章小结 …… (53)

4 废弃地形成的微观机理 …… (55)

4.1 废弃地形成的多主体模型构成 …… (56)
- 4.1.1 多主体模型的概述 …… (56)

4.1.2　废弃地形成的 MAS/WF 模型的构成 ……………………（58）
4.2　主体的界定 ………………………………………………………（59）
　　4.2.1　社会性主体 ……………………………………………（59）
　　4.2.2　市场性主体 ……………………………………………（60）
　　4.2.3　政府性主体 ……………………………………………（61）
4.3　MAS/WF 模型主体行为的分析 ………………………………（61）
　　4.3.1　农户行为 ………………………………………………（62）
　　4.3.2　企业行为 ………………………………………………（66）
　　4.3.3　政府行为 ………………………………………………（69）
4.4　主体行为的交互分析 ……………………………………………（73）
4.5　多主体概念模型的生成 …………………………………………（76）
4.6　本章小结 …………………………………………………………（78）

5　废弃地防治的行为响应分析 ………………………………………（81）
5.1　废弃地对土地利用系统的影响 …………………………………（81）
　　5.1.1　废弃地对环境子系统的影响 …………………………（82）
　　5.1.2　废弃地对社会子系统的影响 …………………………（83）
　　5.1.3　废弃地对经济子系统的影响 …………………………（84）
5.2　废弃地防治的主体行为响应分析 ………………………………（85）
　　5.2.1　农户行为响应分析 ……………………………………（85）
　　5.2.2　企业防治行为响应分析 ………………………………（90）
　　5.2.3　政府防治行为响应分析 ………………………………（91）
5.3　废弃地防治行为与土地利用的耦合 ……………………………（93）
　　5.3.1　耦合的途径——参与式规划 …………………………（93）
　　5.3.2　参与式规划的概述 ……………………………………（94）
　　5.3.3　废弃地防治的参与式规划框架的构建 ………………（97）
5.4　本章小结 ………………………………………………………（100）

6　实证分析——以徐州市大吴镇和苏州市高新区为例 …………（101）
6.1　区域概况及数据获取 …………………………………………（101）
　　6.1.1　大吴镇区域概况 ………………………………………（101）

6.1.2　高新区区域概况 …………………………………………（104）
　　6.1.3　数据获取 …………………………………………………（105）
6.2　废弃地分类的实证分析 ……………………………………………（107）
　　6.2.1　大吴镇废弃地分类 ………………………………………（107）
　　6.2.2　高新区废弃地分类 ………………………………………（110）
6.3　废弃地的形成机理分析 ……………………………………………（114）
　　6.3.1　大吴镇废弃地的形成机理分析 …………………………（114）
　　6.3.2　高新区通安镇废弃地的形成机理分析 …………………（123）
　　6.3.3　矿区和经济发达地区废弃地形成机理的比较 …………（131）
6.4　废弃地防治行为响应的实证分析 …………………………………（132）
　　6.4.1　大吴镇废弃地防治行为响应分析 ………………………（132）
　　6.4.2　高新区通安镇废弃地防治行为响应分析 ………………（139）
　　6.4.3　矿区和经济发达地区废弃地防治行为响应的比较分析 …（142）
6.5　废弃地防治的对策建议 ……………………………………………（146）
6.6　本章小结 ……………………………………………………………（149）

参考文献 ………………………………………………………………（152）

1 绪论

1.1 研究背景

生存与发展是人类永恒的主题,土地资源是人类生存与发展的最基本载体,为人类的活动提供了必要的空间和场所,保障了人类生存与发展所需要的物质生产基础和条件(刘彦随等,2008;龙花楼,2015)。在"人口—资源—环境—发展"复合系统(PRED)中,土地资源处于其他资源无法替代的基础核心地位。

1.1.1 土地资源的供需矛盾制约着社会经济的发展

当前我国面临着人多地少,人均资源相对不足,后备土地资源稀缺的基本国情。我国以不到世界10%的耕地,承载着世界22%的人口,故"十分珍惜、合理利用土地和切实保护耕地"成为我国的基本国策。21世纪前期是我国现代化建设的重要战略机遇期,工业化、城镇化得到了迅猛发展。根据我国统计局公布的资料,截至2017年年底,我国城市化水平已达58.52%,预期到2020年城市化率将达60%。根据美国城市地理学家诺瑟姆(Northam,1975)提出的城镇化过程S形曲线,中国的城镇化水平已进入城镇化中期阶段(30%~70%),这表明我国的城镇化进程正处于加速发展的时期。城市化的快速发展必将导致城市人口的增加和城市用地规模的扩张,尤其是城市用地面积更是迅速扩大。1996—2014年,全国城市建成区面积不断扩大,建设用地面积呈现出持续增长趋势,增加了约 2.8×10^4 km²。然而城市用地扩张的直接后果就是农地非农化,1996—2014年间耕地共减少 838.8×10^4 hm²,仅2001—2005年就减少了 616.4×10^4 hm²。2005—2010年,全国批准征收土地面积 216.4×10^4 hm²,平均征用土地 36.1×10^4 hm²。大致城镇化率每提高一个百分点就将占用耕地 19.13×10^4 hm²(刘彦随,2017)。伴随着中国人口持续增长和城镇化、工业化的快速发展,必然引起对土地利用空间和土地产品需求的不断扩大,因而使农业生产和农产品供应受到原本就稀缺的土地资源数量和质量的影响,同样土地资源的稀缺性也严重制约着城市的发展,表现为城市发展空间不足、城市绿地面积稀少、交通拥挤、环境恶化等问题。可见土地供给的紧缺性与社会经济需求的增长性之间失衡发展的态势将更加凸显(刘彦随,2014)。

1.1.2 废弃地的形成影响土地利用系统的可持续发展

近年来,尽管我国耕地保护和发展用地的矛盾不断加剧,但废弃地的数量却在迅速增加。这不仅浪费了紧缺的土地资源,也给人们的日常生活造成了环境危害,并因生态环境的恶化而影响着社会经济的可持续性发展(曲福田等,2007;尹俊等,2007)。据国土资源部估算,全国各种因人为因素造成破坏废弃的土地约 1 250 万 km^2,占我国耕地总面积的 10.26%,其中矿产资源开采活动造成破坏的土地约 400 万 km^2,占到了废弃土地面积约 30%(刘仁芙,2002),且因采矿破坏的土地仍在以每年 3.3 万~4.7 万 km^2 的速度递增(高向军,2005)。

土地利用作为人类有目的、有意识的社会经济活动,贯穿于人类生存与发展的整个历史过程中。人类在利用土地发展经济和创造物质财富的同时,也对自然资源结构及其生态与环境产生了巨大的影响(Sulistyawati et al.,2005)。从系统论的观点看,土地利用系统是若干子系统耦合而成的复杂巨系统,系统内部各子系统之间及系统与外部环境之间的协调持续发展是土地利用系统良性运行的关键。随着社会变迁、转型的不断加快,特别是目前我国新型工业化、城市化和现代化的快速发展,促进了土地社会经济子系统的发展,推动了社会经济的快速增长,但同时政府为了追求经济效益,大肆兴建开发区以及"土地零成本"招商引资等活动,导致大量的征而未用、批而不建等闲置地出现。同时由于城市化的快速发展,农村大量剩余劳动力"弃土进城",致使广大农村地区出现村庄的"空心化"(龙花楼,2009),以及在新农村建设过程中的大拆大建,导致闲置废弃地的产生;此外对于矿产资源型区域,由于矿产资源的开采对土地的破坏,形成了大量塌陷及压占等废弃地,这不仅对目前紧缺的土地资源造成了严重浪费,同时也威胁着土地生态环境。大量废弃地的显现不仅制约了土地社会经济系统的发展,同时也影响了土地生态环境系统的持续有序的运行,进而影响了土地利用系统的可持续协调发展。

近年来,废弃地相关问题的研究备受政府和学术界的关注,尤其是针对我国人多地少、土地资源供需矛盾日趋突出的基本国情,废弃地的防治与恢复利用已经成为一个迫在眉睫的研究课题,国家自然基金项目"废弃地形成的多主体防治行为与土地利用空间规划的耦合研究"专门予以资助研究。目前尽管我国已有学者从景观改造、重生(陈蓓,2009;仇同文,2009);生态恢复(刘飞等,2009)、自然植被恢复(卫智军等,2003;赵陟峰等,2009)等不同角度对废弃地进行了相关研究,但是对于废弃地的内涵、分类等的认识还不统一,对于废弃地形成机理的研究也较少且目前有关废弃地的研究大部分集中于矿业废弃地,对于非矿区废弃地的研究比较缺乏。基于以上背景,本书拟从废弃地的概念、分类入手,对我国废弃地的形成机理与防治进行分析研究,以促进土地利用系统的可持续发展。

1.2 废弃地相关研究进展

1.2.1 废弃地研究的发展历程

人类对于废弃地的最早记载,可追溯到1556年德国矿物学家阿格里科拉的《论矿冶》,该著作中表述了矿产开采会导致土地荒废的观点。可见人类对于废弃地和废弃地整治的认识早在数百年前就已经拉开了帷幕,而且对废弃地的最早认识来源于矿业开采产生的矿业废弃地。19世纪,奥姆斯特德、阿尔方以及陶浚宣等人的实践都表明人类已不仅仅是单一的对矿业废弃地进行整治改造,城市废弃地的改造利用也受到了关注(夏夏,2007)。

1) 国外废弃地研究发展历程

英、美、德等发达国家有着悠久的工业史(开矿史),对于工矿废弃地生态恢复与重建的研究与实践工作起步较早。20世纪20年代美国就开始了矿区工业废弃地绿化植被的恢复研究,到50年代研究工作已经在全国范围内系统地展开。从20世纪下半叶起,世界各国纷纷制定政策,采取措施对废弃矿区(废弃矿山、矿坑、关闭的工矿企业、衰败的矿业城市)进行整治,主要集中在开矿后废弃地的植被恢复,以期通过恢复生态植被系统,来减少对自然环境的破坏,恢复矿业城市的活力与生机(虞莳君,2007)。20世纪60年代,欧美等西方发达国家率先进入后工业化社会,传统工业衰退,同时伴随着环境意识的加强和环保运动的高涨,工业废弃地的生态恢复问题日益得到重视,各界学者开始探讨受损生态环境生态恢复的方法和途径。针对传统工业衰退过程中出现的大规模废弃工厂旧址,美国景观设计师劳伦斯·哈普林提出了"建筑再循环理论",并依此理论在 1967 年进行了旧金山吉拉德里广场的综合性改造,将已经废弃的巧克力厂、毛纺厂等改建为商店及餐饮设施。自此城市大量的一般性旧建筑开始了再生利用的过程(汤学虎,2008)。

20 世纪 70 年代,工矿废弃地的改造利用跨上了一个新的台阶。对于矿区废弃地的改造与利用不仅仅基于生态景观设计的理念将废弃地恢复到以前的自然景观,而且开始尝试在废弃地的改造利用中引入艺术与文化的理念。其中最具代表性、最著名的就是 1972 年美国的西雅图煤气厂公园,它是用景观设计的方法对废弃地进行再利用的首例,其中蕴含着现代工业景观设计的因素。它在公园的形式、工业景观的美学价值等方面对景观设计产生了广泛的影响。1977 年,国际建协会议提出的"马丘比丘宪章",把研究拓展到了社会物质及环境保护领域,强调历史遗迹和古建筑的恢复再生必须同城市建设过程结合起来,不仅要保证这些文物具有经济意义,同时要保持其生命力的延续,并且把设计优秀的当代建筑物也包括在再生和更新历史区域的理念之中,从此使得对工业旧建筑的再利用有了统一的认识。

20 世纪 80 年代,发达国家传统工业的日益衰落和城市更新运动不断开展,欧美国家传统工业企业纷纷倒闭,使得城市废弃地逐渐增加,而相比较而言,占废弃地比例最大的矿业废弃地有所降低(Frank Broughton,1985)。随着人们对生态环境的重视程度不断提高(Michael Romeril,1981),发达国家掀起了城市工矿废弃地改造再利用的热潮,同时生态景观设计的理念也普遍运用于工矿废弃地改造再利用中。此外,各发达国家的废弃地整治利用研究趋于普遍,并积累了一定的成功经验。1985 年美国的所有建筑项目中,属于旧建筑再利用的工程占到总数的一半左右,且 80 年代美国矿山的生态恢复率已达到 90%;德国鲁尔工业区的改造是德国工矿废弃地改造的重要成功案例,杜伊斯堡北部风景园的改造也成为各国可借鉴的成功案例之一,可见国外对于废弃地的整治利用在 80 年代就已趋于成熟。

进入 20 世纪 90 年代,随着生态环境的逐渐恶化,废弃地的恢复利用已经普及发展,受重视程度不断提高,在此期间人们对于废弃地的研究主要体现在棕地的再利用。棕地最初来源于美国 1980 年颁布的《环境反应、赔偿与责任综合法》(Comprehensive Environmental Response, Compensation and Liability Act, CERCLA,也称《超级基金法》,Superfund Act),它作出了棕地最早的正式界定。棕地的提出,不仅将原有的废弃地整治恢复研究推向高潮,而且扩大了棕地的内涵，拓宽了整治范围(Sandra et al., 2000)。在90年代，废弃地的数量迅速增加，几乎是随处可见。美国在这一时期也出现了大量的废弃地，大部分废弃地来源于旧工业区，在一些老城郊区和小城镇区域也发现了许多废弃地(Greenberg et al., 2001)，据Simons(1998)估计，在美国城市范围内有5%~10%的城市废弃地，且在美国东北和中西的"铁锈地带"城市中这一比例更高。西方国家为了加大废弃地再生整治的工作力度，设立了一些专门机构来管理废弃地，像美国的EPA(US Environmental Protection Agency, EPA)，为美国的废弃地治理提供了大量资金和技术支持。美国的一些州成立了专门的生态恢复企业，农林业和工矿业专家共同参与废弃地的恢复利用工作，并制定了有效的废弃地再生策略，使得废弃地的恢复利用研究逐渐趋向成熟。

由此可见欧美发达国家对废弃地的重视程度不断增加，他们已建立了系统而全面的废弃地治理体系，为废弃地治理的理论、技术、资金保障及政策等各方面的研究都提供了有力的支撑。

2) 国内废弃地研究发展历程

我国有关废弃地的整治工作起源较早，早在古代就已出现，例如浙江绍兴东湖的整治，将废弃采石场改造为风景旅游胜地，东湖的成功改造在世界矿业恢复史上占有显著地位。然而我国废弃地的整治工作主要集中于对矿业废弃地生态恢复的研究。从我国发展工矿企业以来，特别是中华人民共和国成立以后，国民经济高速发展，工矿企业发展规模迅速扩大，占用、破坏和污染了大面积的土地。因此在20世纪50~80年代，我国许多矿区针对矿业废弃地开展了一系列的生态恢复工作，但仅限于自发进行的一些零星恢复工作，以保证矿区的安全、增加土地和改善环境，从整体来看废弃地的恢复整治力度较小，且生态恢复中欠缺有关理论技术的支撑(虞蒔君，2007)。我国废弃地生态恢复理论的相关研究起步于80年代，随着1988年《土地复垦规定》的颁布，我国矿业废弃地的生态恢复受到了政府和工矿企业的普遍重视，废弃地生态恢复工作取得了较大的进展(崔光华，1991)。进入90年代以来，我国矿业废弃地生态恢复的理论研究有了突飞猛进的发展，促使矿业废弃地的生态恢复在速度和质量上有了极大的提高。在20世纪80年代初，我国矿业废弃地的生态恢复率为0.7%~1%，到80年代末期将近2%，而在90年代已达到13%。

在90年代末,基于艺术与景观设计理念的废弃地改造研究与实践受到我国学者的关注。1998年我国学者王仰麟探讨了矿区废弃地复垦的景观生态规划与设计(王仰麟等,1998),成功地将景观设计理念与矿区废弃地的复垦相结合;俞孔坚在90年代末期通过引入景观设计理念,遵循"建筑再循环利用"的理论进行了广州岐江公园的设计,受到了媒体的广泛关注和报道,是我国第一例引入景观设计进行城市工业废弃地改造的实践案例,为我国以景观设计理念进行废弃地改造的实践奠定了基础。

进入21世纪以来,我国进入了新型工业化、城市化和现代化的快速发展时期,产业结构不断变化调整,资源渐趋枯竭,与此同时,废弃地的数量却在不断增加(王向荣等,2003),有关废弃地的研究备受我国学者的关注。但从研究对象来看大部分文献都是矿业废弃地的相关研究,而农村废弃地、城市/城郊废弃地研究的比例偏少;从研究内容来看,主要侧重于矿业废弃地的基础理论与方法、废弃地的植被恢复与土壤理化特性、生态恢复与重建以及景观规划设计等方面(蒋满元,2008;赵方莹,2008;彭凤等,2008;智军等,2003;闫文德等,2006);而对于农村废弃地的研究主要是关于农村闲置宅基地、砖瓦窑厂的整治(张艾蕊,2008;杨天华等,2004);城市/城郊废弃地的研究主要是基于城市/城郊废弃地的景观改造与生态恢复等方面(张金伟等,2007;张毅川等,2007)。

1.2.2 废弃地分类研究

废弃地作为土地资源的一种特殊类型,它的产生与土地利用密切相关。人类对土地的利用形式不同,产生的废弃地类型也不同,可见土地的利用形式是废弃地分类的基础依据。

1) 土地利用分类回顾

土地利用分类作为土地利用研究的基础,在不同的研究领域及国家有着不同的分类体系。20世纪60年代末,Thrower and Senger(1969)提出了土地利用分类体系,将土地利用分为九个主要类型。Steiner(1969)提出了一套借助于航片对乡村土地利用类型进行分类的方法。美国地质调查局(US Geological Survey,USGS)为了满足联邦国家机构的需要在1971年提出了一套土地利用/覆被的分类体系,且在1976年被修订,也就是著名的Anderson分类,这一分类体系已经被遥感专家广泛利用。该分类将土地利用/覆被分为9个一级类和37个二级类,其中一级类是以土地覆被为分类特征,二级分类以土地利用为分类特征,一级和二级分类在全国统一标准,而三级和四级分类当地政府可根据实际情况做出调整(Anderson et al., 1972; Anderson et al., 1976)。1989年,欧洲统计学家会议提出了一套常规、标准的国际分类体系,即 ECE-UN 分类体系,该分类在一级分类上与 Anderson 分类相似,都是以物理特征即土地覆被做为一级分类标准,然而 ECE-UN 分类体系是土地覆被与土地利用混合的一种分类方法,识别"土地覆被与土地利用"较为困难,因而限制了该分类体系的广泛应用(ECE-UN,1989)。英国的土地利用分类体系(UK Land Use Classification, UK-LUC)主要是为了满足规划的需要,其分类体系侧重于土地的利用方面,通过应用功能分类的方法,将土地利用分为15级、78个组、150个亚组以及600个类别(UK Land Use Classification,1972)。UK-LUC 分类体系实现了完整性和无重复性两个主要分类原则,该分类体系对于土地利用的功能分类方法具有重要意义。法国的 TER-UTI 分类体系是由法国农业部门通过年度采样调查完成,分类的主要目的是为土地覆被与土地利用提供信息。该分类体系与 ECE-UN 分类的最大区别在于它能将物理(土地覆被)和功能(土地利用)尺度清晰地分离出来,且功能分类没有分级,而是由25个类别组成的初级生产群(包括采矿业、农业、林业和渔业)、次级生产群(包括工业和能源)和三级生产群(交通、商业、公共服务、废弃、保护和没有利用等)3个主要组群的平面体系(TER-UTI Classification, 1994)。FAO 于1989年委托 Remmelzwaal 进行了土地单元分级的研究,尝试提出了一套适宜于土地利用的分类体系,然而该分类主要的缺陷在于分类体系特征并没有结合土地利用进行类别的划分和描述,此外,该分类主要用于农业和林业(Remmelzwaal A.,1989)。在1992年 FAO 又委托 Adamec 进行了应用性全面的土地利用分类体系的研究,并且在土地规划者、经济学家、统计学家、农业规划者和遥感专家之间进行信息的交换,该研究主要侧重于土地的利用。然而,该分类不是一个系统化的方法,或者可以说,它不是一个分类,而是一个图例。但该分类可用于检验一个系统化的分类,并且为社会经济分类的方法提供基础信息(Adamec J.,1992)。

我国目前具有代表性的土地分类系统有两大类:一类是基于理论研究而建立的分类系统——基础理论分类系统或土地自然分类系统,具有理论性强的特点;另一类是基于应用而建立起来的分类系统——应用性分类系统(梁留科,2003)。土地基础性理论分类系统又包含多系列的分类系统和单系列的分类系统两种,所谓多系列就是由于土地个体单位是多级的,土地分类只对每一级土地单位进行类型划分,因而土地分类系统是多系列的。而单系列分类系统将我国的土地类型分为三个级别:土地纲—土地类—土地型(蔡运龙,1992;倪绍祥,1999)。该系统是对我国土地分类研究的一次总结,具有开创意义,符合我国地域辽阔、自然条件复杂、土地类型多样的基本国情,它从实际出发,反映与特定目的相关的社会经济和自然属性,在生产实践中易于掌握和应用,代表了一种讲究实用的研究方向,但也存在一些值得商榷的地方,如分类系统中的土地纲是区域单位,土地类和土地型是类型单位,把类型单位与区域单位列为一个等级系统,在理论上不够严密(林超,1992)。这种分类体系包括三种系统:① 土地资源类型分类系统——以土地资源类型为划分对象的分类系统。主要目的是为土地资源评价服务,为土地的农、林、牧、副、渔评价工作服务。以石玉林(1982)所划分的土地分类系统为代表,采取土地潜力区、土地适宜类、土地质量、土地限制型、土地资源单位等五级分类制。② 土地利用现状分类系统——以土地利用现状的地域差异规律为主要依据而划分的。该系统于1980年初拟定,后经有关部门、专家讨论修改及各土地利用现状调查试点县的实践,全国农业区划委员会和土地资源调查专业组于1981年7月提出了《土地利用现状分类及其含义(草案)》,经随后的3年实践及广泛征求意见后,全国农业区划委员会和农牧渔业部于1984年7月修改和完善了土地利用现状分类及含义,并写进了《全国土地利用现状调查技术规程》,将一级分类由11个压缩为8个,二级分类由48个减少为46个。现行《土地管理法》对土地分类系统又进行修改,将其分为3大类,即农用地、建设用地与未用地。③ 城镇土地分类系统。原国家土地管理局按用地性质和用途将城镇土地分为10个一级类型和24个二级类型,我国城市规划部门在"七五"期间也对城市用地分类标准作了大量工作,编制了《城市用地分类与标准》规范。该项分类的基本原则亦是按土地使用的主要性质进行分类和命名,将城市用地分为10大类、46中类、73小类,供国家批准设市的城市编制城镇规划使用(李树国等,2000;吴次芳等,1995)。另外,还有以旅游为目的的旅游用地分类系统以及用于其他方面的土地分类系统等。

2) 废弃地分类研究

由于废弃地造成土地资源的破坏以及产生生态环境问题,近年来,废弃地的恢复利用已经成为政府、社会、环境部门、科学家以及研究者关注的焦点问题。目前关于废弃地分类的研究较少，McMillan et al.(1999)提出了人造地的分类体系,将采矿地、垃圾堆积地以及废弃地、退化地都纳入了该分类体系之中。在废弃地的研究中,出现最多的分类是以产业来分的矿业废弃地和工业废弃地,此外,还有以区位来分的城市废弃地和乡村废弃地。我国学者张圆依据废弃地形成原因,将其分为采掘型废弃地、建筑破坏型废弃地、工业生产型废弃地和自然灾害废弃地;陈芳清等(2004)对三峡地区废弃地的类型进行了划分,研究认为废弃地虽然是退化生态系统,但不能用生态系统的演替系列来进行分类,因此对于这种极度退化的生态系统,比较适宜于按废弃地的形成原因来分,从大的范围将三峡地区废弃地分为两大类,即人为因素与自然因素,再按导致其形成的具体因素继续分为九类:矿业废弃地、工程废弃地、垃圾填埋场、泥石流、滑坡地、火烧、砍伐迹地、弃耕、退耕地,该分类虽然将自然因素引起的废弃地纳入了分类体系之中,但是对于空闲地、闲置地类型却未考虑在内。汤学虎(2008)对废弃地从组成的种类、污染程度以及分布三个角度进行分类；虞莳君(2007)也从三个角度对废弃地进行了分类,其分类依据分别是产业、规模、与城市的关系；这两种不同分类依据体系下的废弃地分类详见表1.1。从表中可看出汤学虎所划分的类型侧重于土地的污染程度,其组成种类中的具体分类较为广泛；而虞莳君按照产业、规模来分则显得分类更具体、更完整。

表1.1 不同分类依据下废弃地分类的比较

分类依据	类型	分类依据	类型
组成种类	产业废弃地	产业	矿业废弃地
	废弃物堆置型废弃地		工业废弃地
	地质破坏型废弃地		商业废弃地
	自然资源受污染型废弃地		农业废弃地
	复合型废弃地		文化产业污染地
污染程度	轻度污染	规模	衰败产业区域
	中度污染		城市旧产业区
	重度污染		小型废弃场
分布	旷野型废弃地	与城市的关系	旷野废弃地
	城郊型废弃地		城郊废弃地
	城区型废弃地		城区废弃地

两个分类按照分布范围都分为旷野废弃地、城郊废弃地和城市废弃地,然而都忽略了目前在我国各地普遍出现的农村宅基地和城镇居民点的闲置废弃,尤其是农村宅基地。纵观文献,大部分学者都是针对单一的类型进行研究,大部分研究都是按照产业来分,研究最多的为矿业废弃地。然近几年来,随着城市化的快速发展、城市扩张的不断加剧和新农村建设的实施,针对农村和城郊废弃地研究也逐渐增多。

综上所述,我国的废弃地分类研究至今仍未形成一套统一、标准的分类体系,大家都是按照研究对象、研究侧重点进行细化分类,造成了分类体系的混乱、遗漏、重复,不利于废弃地研究的发展。

1.2.3 废弃地形成的机理研究

废弃地产生的因素比较复杂,不同类型废弃地产生的驱动要素不同。目前关于废弃地形成机理的研究大部分通过废弃地或某一类型形成的驱动因素或作用机制之间的关系来展开探讨。20世纪90年代以来,棕地在西方发达国家普遍存在,引起了政府、学者的高度关注。在英国出版的全国规划政策指导(Planning Policy Guidance,PPG)中提出要求60%的新建房屋必须建在废弃地上(ODPM,2002)。国外对于棕地的形成机理归结为工业区衰退和城市产业结构调整所导致的城市土地价值的改变。在西方,由于产业革命的影响及城市经济的发展,城市产业结构"退二进三"以及工业区从城市外迁,都使得早期的城市工业区开始衰退并失去利用价值,逐渐沦为废弃、闲置或利用率很低的用地,即棕地。此外,在环保及可持续发展思想的影响下,一些重污染企业纷纷调整区位或转产,使其原厂址演变为棕地(Maclaren,1996;Simons,1998;Dorsey,2003;曹康,2007)。由此可见,棕地的主要驱动要素可概括为产业结构调整、城市经济发展、生态环境发展、城市基础设施等几个方面。

根据近年来国内学者的观点,我国废弃地形成的驱动因素可分为两类,即人为因素和自然因素。陈芳清等(2004)从生态系统的角度对三峡地区的废弃地成因进行了分析,将废弃地看作是一个极度退化的生态系统,从导致系统退化的人为因素(林业砍伐、农业活动、经济活动、城市化建设、工程建设等)和自然因素(气候、地质、水文等)入手,分析了废弃地形成与生态恢复的机理过程。其主要观点认为生态系统的退化是外界因素干扰下逆向演替的过程,这些因素(自然和人为)对生态系统的作用使得系统的组成、结构与功能发生了明显的变化,使系统向低水平退化。

由于不同类型的废弃地的形成机理有所差别,因此我国对于废弃地形成机理的研究较少,大部分学者集中于对单个类型的废弃地的形成机理以及驱动要素进行研究。从广义的废弃地内涵来讲,退化土地也属于废弃地的一种。罗明等(2005)认为土地退化是自然因素与人为因素综合作用的结果:自然因素仅为土地退化提供了外在条件;而人类不合理的活动,如过牧、过樵、滥伐、工矿建设、陡坡开垦,甚至不适当的营林方式及其他有关社会经济因素是导致土地退化的主要原因。基于 Blaike 和 Brookfield 关于土地退化机理的观点,有学者认为土地退化是土地内在质量的损失或容量的衰减,因而不应是单要素的,而是多种力共同作用,人力和自然力都有各自的位置或作用(Barrow,1991),并通过"PPE 怪圈"循环理论分析了土地退化的机理过程。

我国是一个农业大国,农业用地是我国生存与发展的根本。然而近年来随着经济与城市化的快速发展,我国出现了大量的农地抛荒废弃地。杨涛(2002)针对抛荒废弃地现象进行了驱动要素的分析,将之概况为三个方面:① 经济层面:包括农产品价格下跌,种田比较效益降低;投入产出的成本高;人多田少,农户经营规模小,收益低;城乡之间经济生活和文化生活的差距。② 政策层面:包括农业投入资金薄弱,致使农业生产条件差,农民抗灾能力弱,种田风险大;农民负担相对较重;二元经济政策背景下大量农村剩余劳动力外出打工;国家鼓励二、三产业的发展政策;国家社会发展政策向城市偏斜。③ 制度层面:主要有耕地资源产权制度缺陷;耕地资源配置的非市场化;土地流转不畅。刘成武(2006)对中国 20 年来农地弃耕抛荒时序特征的统计分析和驱动因素研究表明,耕地抛荒废弃地的形成与农产品价格变动在时序上具有较好的对应性。董晓波(2007)通过计量经济分析发现农产品价格、生产成本中农业生产资料价格、农业劳动力数量、粮食产量、非农产业平均工资可以解释 99.2% 的耕地播种面积变化。蔡运龙(1997)通过对全国耕地资源流失机理的分析得出,驱动农地利用发生变化的因素很多,但导致耕地资源流失与土地利用方式发生变化的最本质的深层次原因与农地利用纯收益的变化密切相关。由此可见,可以把农业废弃地形成的驱动因素概括为:农业市场化程度(农产品价格);农业生产要素市场化程度,包括劳动力、资金、技术和农地的市场化配置程度,土地产权制度及政策等。

随着城市化进程的加快,我国广大农村地区的村庄中心建设用地(主要是宅基地)出现废弃闲置,形成空心村(龙花楼等,2009)。龙花楼等对空心村形成的驱动要素从四个方面进行了分析:第一,经济因素,包括农村非农化、农民收入、农村产业结构的调整等;第二,自然因素,主要包括环境变化、自然灾害和地形地貌三个方面;第三,社会文化因素,包括农民收入来源、兼业经营程度、土地利用者主体行为等;第四,制度与管理因素,如产权制度、价格制度、土地管理政策。此外,我国已有一些空心村典型案例的机理探讨(薛力,2001;王成新等,2005;程连生等,2001)和微观分析(李君等,2008),将为废弃地形成机理的研究奠定基础和提供新思路。

章超(2008)和郭少锋(2007)对城市工业废弃地的驱动要素进行了分析,提出了城市工业废弃地形成的驱动要素为国际经济的发展、城市化的发展、产业结构调整和工业结构转变等几个方面。为城市发展、生态环境保护以及城市废弃地的防治提供研究基础。

1.2.4 废弃地防治研究的理论方法

纵观国内外废弃地防治的研究涉及生态学、经济学、景观学、规划学等多学科的基础理论。

在我国废弃地的研究中,大部分文献为对工矿废弃地的研究。对于矿业废弃地防治最基础、应用最广泛的理论方法是基于生态学理论的生态恢复与重建。英、美、澳等发达国家有悠久的开矿历史,他们最初在恢复生态方面的工作主要集中在开矿后废弃地植被的恢复。国外矿业废弃地生态重建研究推动了恢复生态学的发展。早在1973年3月,在美国弗吉尼亚理工大学就召开了题为"受害生态系统的恢复"国际会议,第一次专门讨论了受害生态系统的恢复和重建等重要的生态学问题。日本人宫胁昭通过改造土壤,利用乡土树种,在较短时间内建立起顶级群落类型,其方法被称为"Miyawaki method",自此建立了恢复生态学。随后 Bradshaw 和 Chdwick 在 1980 年出版了《The Restoration of Land, The Ecology and Reclamation of Derelict and Degraded Land》,从不同角度总结了生态恢复过程中的理论和应用问题;Jordan 等人 1987 年出版的《Restoration Ecology, A Synthetic Approach to Ecological Research》,将恢复生态学的发展全面推向高潮,其认为恢复生态学是从生态系统层次上考虑和解决问题,恢复过程是人工设计,在人的参与下使一些生态系统恢复、改建和重建。1993 年,《Restoration Ecology》杂志创刊,标志着恢复生态学走向成熟(李永庚,2004)。我国的恢复生态学研究最早主要是针对土地退化,尤其是土壤退化,具体体现在水土流失、草场退化、盐渍化、土地污染、肥力贫瘠化。20世纪90年代以来,矿业废弃地防治的研究逐渐增多(束文圣等,2001;杨修等,2001;戈峰等,2001)。相比较而言,生态恢复主要侧重于生态系统恢复的研究。基于生态重建理论的矿业废弃地防治的具体方法有矿业废弃地的复垦、重金属的植被恢复、土壤肥力的生态恢复、矿业废弃地的植被演替等几个方面。

退化景观如矿业和废弃工业用地(Brownfield)浪费了大量土地资源,并带来一系列生态环境问题。作为通过设计来协调人与自然关系的学科,景观设计学对退化景观的可持续利用研究具有现实意义。美国景观设计师协会(American Society of Landscape Architecture, ASLA)和欧洲景观教育大学联合会(European Foundation for Landscape Architecture, ECLAS)等专业组织在其宗旨中强调景观设计的工作范围包括对退化景观和废弃土地的恢复。澳大利亚景观设计学协会(Australia Institute of Landscape Architecture, AILA)更是强调要应用生态可持续设计来修复矿山等受干扰用地。同时,Michael(1993)提出的退化景观的恢复与设计产生了新的美学观与历史观,即废弃地景观设计应体现废弃地景观的场所性,设计尊重场地原貌和历史、景观的艺术性、景观的生态性、景观的社会性等。目前景观设计的方法也已运用到我国废弃地防治实践的具体措施中,如俞孔坚(2007)借助生态和环境伦理学理论,将原先垃圾满地的废弃打靶场通过生境设计、群落设计、游憩网络设计和环境解说设计几个方面改造为生态型绿地公园(天津桥园),这一实例充分说明了景观学理论在我国的发展,也说明了废弃地景观设计改造必将成为提升城市生态环境的重要一环。景观设计研究的领域在不断扩展,从单一的矿业废弃地的改造扩展到城市废弃地、城市工业废弃地的游憩公园化、观光农业生态园化等,为我国废弃地的改造提供了新的思路、理论基础与实践经验。

我国的废弃地防治除了利用生态恢复和景观设计的理论之外,对于农业废弃地,我国大多学者依据规划理论,采用废弃地复垦的方法,如空心村、抛荒地等的开发复垦(张艾蕊,2008),农村废弃地已形成了土地开发整治的物理和工程规划措施等;对于城市废弃地,基于生态恢复理论、经济学理论以及城市规划学进行城市的更新。旧工业区更新在我国的城市更新中具有一定代表性,贾及鹏(2001)通过对旧工业区类型、特征、组成、规模、与城市关系及现状问题的分析,总结归纳了城市工业区改扩建的一般理论和方法。周陶洪(2005)通过对大量案例的分析研究,论述了旧工业区更新的综合策略。刘伯英(2006)从区位与规模、用地性质转换、用地更新驱动方式、工业建筑再利用、景观塑造等角度探讨了城市工业地段的更新实施,总结了国内对于城市、农村等废弃地的研究,提出了旧工业区改造的发展目标、策略和实施途径(张晓云,2001),改造的制度因素(张平宇,2006);探讨了上海杨浦老工业区工业用地更新调整的对策(李冬生等,2005),采煤塌陷废弃地的更新改造规划和实施过程(沈瑾等,2006)。

进入21世纪以来,我国也已开始将系统科学理论引入废弃地的研究之中。陈芳清(2004)在对三峡地区废弃地植被生态恢复与重建的生态学研究中提出,废弃地是一个极度退化的生态系统,且认为人类干扰是三峡地区废弃地形成的主要原因,因此从生态系统的角度建立了废弃地植被生态恢复与重建的研究方法;刘抚英(2007)将协同论引入了我国矿业城市工业废弃地的研究之中,他将工业废弃地看作一个系统,运用协同理论来分析系统内部各子系统的协调发展,为矿业城市工业废弃地的再生研究提供理论指导;汤学虎(2008)基于干扰理论对城市废弃地的再利用进行了研究,他认为废弃地的产生是由于城市生态系统还原功能出现了问题,是城市生态系统退化的表现和产物,因此应对退化的生态系统采取有效的干扰措施促进其正向演替,从而实现废弃地的再利用,也即城市生态系统恢复的过程。

1.2.5 研究述评

从上述国内外学者对废弃地研究成果的回顾中可以看出,废弃地研究已日益受到人们的关注,由最初的矿业废弃地的研究已经拓展到工业废弃地、城市废弃地以及乡村废弃地的范畴,尤其是针对废弃地对生态环境的破坏,国内外学者基于恢复生态学理论,进行了废弃地植被恢复、土壤修复、生态恢复与重建以及景观设计等方面的恢复利用研究,这些都为废弃地防治研究奠定了坚实基础,对本研究具有可贵的借鉴价值。但是由于废弃地形成的要素比较复杂,类型也多样化,而不同学者的知识背景和研究方向各异,对问题的研究多局限于各自的领域内,未能将各种研究成果很好的交叉结合起来,也未能形成废弃地体系的系统研究,主要表现在:

第一,废弃地的研究类型单一。国外学者在20世纪90年代之前对废弃地的研究主要集中于矿业废弃地,而 90 年代以后多集中于城市工业废弃地。我国截至目前对废弃地的研究普遍集中于矿业废弃地,废弃地的系统研究比较缺乏;废弃地的概念和分类都是针对矿业或工业废弃地等单一的研究对象特性而提出的。然而在当前城市化和工业化快速发展的阶段,单一的废弃地内涵和分类已不能满足研究的需要。

第二,废弃地形成机理的研究开展较少。当前对废弃地形成机理的研究主要是针对单一类型的废弃地展开,类型不同机理分析的侧重角度不同。对于退化地的形成仅仅从生态系统的角度去分析,对于农村抛荒地的形成机理侧重于农业要素的市场化程度,虽然这些因素都是引起废弃地形成的主要原因,但土地退化、农地抛荒同时还受到社会经济等要素的驱动。对于城市工业废弃地的形成机理虽有研究,也仅侧重于城市化、经济国际化等宏观层面的分析,而适宜于整体废弃地形成机理的研究目前尚未见报道。此外,对于单个类型废弃地的研究,大部分都只侧重于宏观层面,很少有学者从微观主体行为的角度对废弃地的形成机理进行研究。

第三,废弃地防治微观层面的研究较少。目前对于废弃地防治的研究主要集中于物理工程和生态景观等方面,尤其是对矿业废弃地的防治研究主要侧重于其生态恢复、重建以及景观设计等方面,对于城市或农村废弃地的防治研究主要集中于物理工程的整治,很少有学者从形成废弃地的微观主体角度来进行防治的研究。废弃地是土地使用者主体在利用土地的过程产生的,因此工程及生态等宏观层面的研究只能从表面上对废弃地进行防治,未能从根本上防治废弃地的产生,而微观主体行为的研究可从废弃地产生的根源上进行防治,因此对废弃地微观主体行为的研究更为重要。

鉴于当前的情况,本书拟在前人研究的基础上,构建适宜于当前社会发展现状的废弃地的概念内涵和分类体系,从宏观和微观两个层面系统地剖析废弃地的形成机理,并基于废弃地形成的微观主体防治行为的研究,以土地利用系统的可持续协调运行为宗旨来实现废弃地的有效防治。

1.3 研究理论基础

废弃地的形成和防治行为均发生于人地系统中,具体来讲即废弃地的形成是由于人地关系不协调而产生的,则废弃地的防治亦需要从人和地两个方面去寻求答案。基于这样的思想,其研究理论基础主要有人地关系理论、系统科学理论、生命周期理论、行为科学理论、规划理论等(见图1.1)。

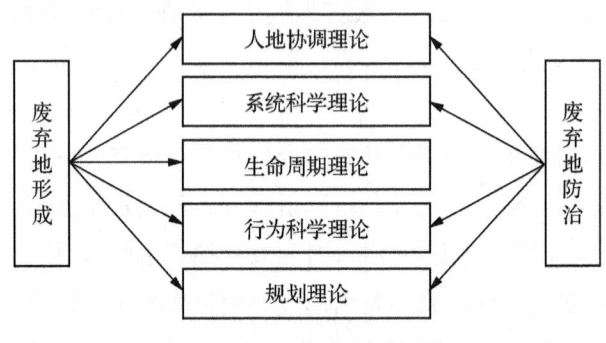

图1.1 理论研究基础关系图

1.3.1 人地协调理论

人地关系,顾名思义指的是人与土地之间的关系,但是在不同时代、不同地区的人地关系表现出不同的关系特征。朱国宏(1996)从七个方面对人地关系进行了概括,即人口数量与土地面积的关系;人力资源与土地资源的关系;人口与资源的关系;人口增长与食物供应的关系;人口增长与生活资料的关系;人口与经济的关系;人口与环境的关系,如图1.3所示。

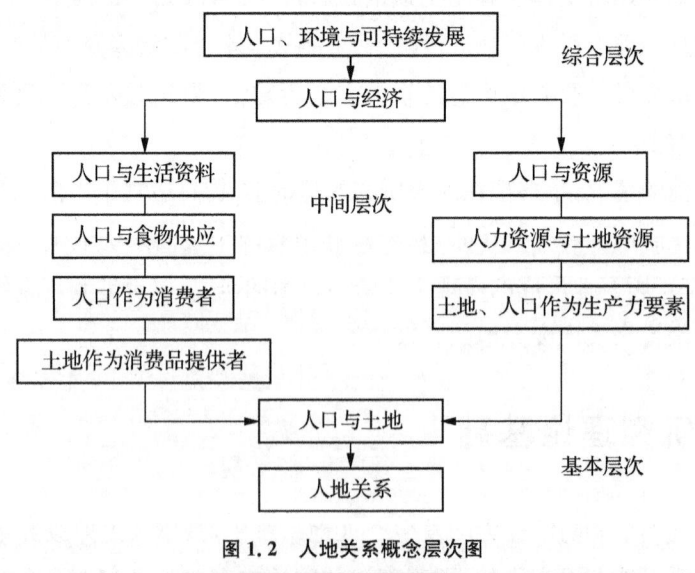

图1.2 人地关系概念层次图

资料来源于:朱国宏(1996)

人地关系的内涵已经由简单的人口数量与土地数量关系的低层次上升至人口与环境的高层次阶段。人地协调理论其实是人文科学与自然科学之间的载体之一。自然科学中很多现象由于人的参与而存在不确定性。人地协调理论是通过控制人类行为从而达到人地之间的和谐共处。人地协调理论的基本观点可以概括为：人和自然界的协调发展是历史的必然，人类与自然界必须协调发展才能保证经济社会持续稳定发展。自然界是一个有机统一的自组织系统，通过不断优化结构组织而获得整体性的发展。作为人地系统中的人，具有自然和社会两重属性：既是生产者，又是消费者；既是建设者，又是破坏者。人类活动是不可忽视的引起和放大系统涨落的力量，它引起的变化已经远远超过自然原因所引起的变化(陈丽，2004)。目前，人类对地球自然物质系统运动的规律还不甚了解，人们只能尽力充分估计自己行为的后果，从而做出趋利避害的最佳选择。针对当前人地系统失调、全球性问题加剧的现状，世界各国共同制定了《全球21世纪议程》，我国政府颁布了《中国21世纪议程》，坚持走人口、资源、环境、经济和社会可持续发展道路，有效地协调人地关系。

废弃地，从字面上来看，是一种地胜其人的现象，其实不然。在21世纪的中国，人多地少，耕地面积不断减少，某种程度上来讲，接近于人胜其地的边缘。废弃地的产生不是总量过剩的问题，而是结构过剩，不管是农业用地废弃，还是建设用地的废弃，都是由于人类自身及其行为与土地系统之间的不协调而产生的，在这种情况下，不管人类系统自身的发展还是土地利用系统的优化都受到了抑制，因此有必要也有可能从人地关系理论去分析废弃地的形成机理与防治措施。

1.3.2 系统科学理论

现代系统理论是在继承古代朴素的系统思想和实践基础上产生和发展起来的一种方法论，是对西方思想中的还原论的一种补充。1945年，贝塔朗菲《关于一般系统论》论文的发表标志着系统理论的诞生。正如雨水滋润万物，系统理论一诞生就与自然科学、社会科学和工程技术等相互渗透、相互影响。系统科学的概念、理论、原则和方法已经运用到了科学技术体系的各个层次、各个领域，为现代科学技术提供了有效的思维方式与方法，成为现代科学技术整体化、综合化趋势的重要工具。

贝塔朗菲将系统定义为："处于一定的相互关系中的并与环境发生联系的各组

成部分的综合"。钱学森将系统定义为:"系统是由相互作用和相互依赖的若干组成部分结合成的具有特定功能的有机整体"。从系统的定义来看,一个具体的系统需要具备三个条件:一是必须有两个以上的要素组成;二是要素和要素、要素与整体、整体与环境之间存在着相互作用和相互联系;三是系统整体具有确定的功能。系统的属性主要体现为整体性、动态性、相关性、层次等级性和有序性等几个方面。

由人地系统理论可知,人地矛盾都是该系统作用的结果,而人地系统理论并未深入分析人地系统及其子系统中的组成要素及要素与要素及要素与环境之间的关系,也未分析人类系统与土地系统之间的层次关系。因此,系统科学理论要分析人地系统中的土地子系统为什么会产生废弃地,以及废弃地产生于系统内部的哪个环节,如何通过对系统其他要素的控制来防止废弃地的产生。

1.3.3 生命周期理论

生命周期(Life Cycle)的概念应用很广泛,特别是在政治、经济、环境、技术、社会等诸多领域经常出现,其基本涵义可以通俗地理解为"从摇篮到坟墓"的整个过程。生命周期理论将经济现象与自然界生物的生命过程进行类比,有新生、发展、成长、衰退再到新生的演化过程。现生命周期理论主要局限于产品生命周期理论、企业生命周期理论以及产业生命周期理论,而对于资源,包括土地的生命周期研究不多,而对于土地从利用开始到废弃的过程其实也是一种生命周期。生命周期具有以下特征:一是不可避免性;二是一个周期有繁荣、衰退、萧条、复苏四个阶段组成;三是该周期的长短主要由周期的具体性质决定。下面以企业生命周期理论为载体,介绍生命周期的基本概念。

企业生命周期理论起源于经济学对企业"黑匣子"生命现象的探索。企业的生命周期取决于企业所生产的产品成本和价格的均衡点,当企业的平均成本低于企业的价格时,企业可以沿着生产曲线前进,反之当企业的平均成本高于价格时,企业生命周期将结束。马歇尔认为一个企业群体构成一个巨大的系统,犹如一片巨森林系统,大大小小的企业则如森林中参差不齐的树林,都有生存与成长的机会。与森林中的树林生态竞争系统一样,各个企业都存在凋零、枯萎乃至死亡的风险,与森林中新生的树林面临原有树木浓荫的遮挡一样,新生企业要长大就得不断在竞争中获得空间,然而随着其生长壮大,也会逐渐失去生命力,即竞争力下降,面临被淘汰的危险。但与森林一样,整个企业系统正是因为其内部企业间的竞争才得以不断更新。1972年,美国哈佛大学教授拉芮·格雷纳在《组织成长的演变和变革》一文中第一次提出了企业生命周期概念,他将企业作为一般组织去研究,认为企业发展的各个阶段都包含一段相当平静的稳定进化成长期,而结束于不同形式的危机。艾迪思将企业生命周期分为三个阶段十个时段,三个阶段分别为"成长阶段""再生与成熟阶段""老化阶段"。温特应用生物进化论的方法,强调组织、创新、路径依赖等进化对企业成长的影响。尼尔森认为企业的成长史通过类似生物进化的三种核心机制来推动,借助多样性、遗传性和选择性来完成。

废弃地可以说是处于土地利用生命周期的衰退和萧条期,在此期间,不同类型的废弃地会呈现不同的特征,从生命周期理论的角度分析废弃地使用的历史与发展,对于废弃地的防治研究具有一定的启发性。

1.3.4 行为科学理论

基于人地关系理论和系统科学理论,从人类子系统的角度出发,即需要考虑到人类行为科学理论,人类行为分析是剖析人类系统的一个重要方法。

行为是生物体的生存方式,是立足现实且影响现实的活动。人的行为是世界上最复杂、最难认识的现象之一,是在对客观世界认识改造和利用基础上的自觉能动活动。人的劳动能力、制造和使用工具的本领使人类行为增加了较多的主动性,很大程度上突破了自身认识和行动器官的限制。借助语言和思维的帮助,人类行为上升到了自觉地理性高度,彼此间可以相互协调、修正和改善,行为的效果是可感知、可控制的。

行为科学是理解、预测和控制人类行为的科学理论,它研究人类行为的发生、发展和变迁的一般规律,分析影响行为的各个因素,进而为有目的预测和控制人的行为提供有效途径和方法。行为科学中关于人的行为理论较多,与人类利用土地密切相关的主要有马斯洛的需求层次理论、行为动机理论、行为决策理论、行为控制理论以及行为组织理论(余万军,2006)。从废弃地形成机理的角度,这里主要介绍需求层次理论、行为动机理论、行为决策理论。

(1) 需求层次理论

需求是人类行为的动力。在需求层次理论中,主要介绍马斯洛需求层次理论。1954年,马斯洛提出了需求层次理论,该理论认为,人有一系列复杂的需要,按其优先次序可以排成金字塔式的层次,从低层次到较高层次分为生理需求、安全需求、社会需求、尊重需求和自我实现需求五类。马斯洛需求层次理论包括四点基本假设：① 需求的变化性：已经满足的需求，不再是激励因素。人们总是在力图满足某种需求，一旦一种需求得到满足，就会有另一种需求取而代之。② 需求的多样性：大多数人的需要结构很复杂，无论何时都有许多需求影响行为。③ 需求的层次性：一般来说，只有在较低层次的需求得到满足之后，较高层次的需求才会有足够的活力驱动行为。④ 需求的潜在性：主客观条件发生变化后，在一定时候，人们才会发现其潜在的需求。

（2）行为动机理论

心理学研究表明，产生行为的直接原因是动机。动机是促使人的活动去满足一定需要的意图、愿望、信念等。动机与需要联系紧密，其都是人体缺乏某种东西的反映，但是二者存在区别，需求不一定和特定目标相联系，而动机则是与特定目标相联系。需求是动机的内在条件，而动机的发生还要受到外在环境因素的刺激。

人的行为是从需求开始的。当人产生某种需要时，会产生一种紧张的心理状态，在遇到能满足需要的特定目标时，这种紧张的心理状态就会转化为推进人进行某项活动的行为。当达到目标时，紧张的心理状态就会消除，需要得到满足。一个需要满足了，又会有新的需要产生。人的活动就是满足某种需求、实现某种动机（曹洁，1987），具体流程见图1.3。

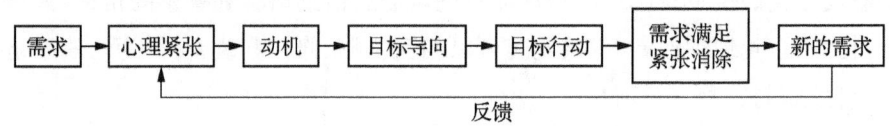

图1.3 个体行为产生的基本模式

资料来源于：曹洁(1987)

（3）行为决策理论

行为决策理论认为影响决策者决策过程的，不仅有经济因素，还有其个人的行为态度，如情感、经验和动机等。行为决策理论主要包括有限理性模型、主观期望效用理论、前景理论、社会判断理论、信息耦合理论、权变理论和归因理论（余万军，2006）。

土地使用者都是通过自己的决策判断从而产生废弃土地的行为，从主体来看主要是基于个人行为。因此这里主要介绍社会判断理论。社会判断理论是由哈蒙德(K. Hammond)和布伦斯维克(E. Brunswik)提出的透镜模式发展而来的,它十分重视情境的因果特征对认知系统决策判断准确性的影响以及环境与决策者认知系统之间复杂的交互作用,其理论涉及不确定情境下的判断与学习、判断中的模糊带、认知反馈等概念。该理论认为人们对世界各种变化发生的几率以及各种变化之间的相互关系存在认知困难,经济、生态及社会环境中存在众多的不确定性,环境的表面特征与其深层状况存在差别,依据环境的表面特性很难做出正确的决策。该理论强调,面对环境的不确定性,认知系统在判断一个信息时,会以自己原来的态度作为比较的标准,如果信息内容与自己原来的态度相差不大,会产生"同化"效果,觉得信息与自己本来相信的相当接近,态度容易受到影响;如果信息内容与自己原来的态度相差太大,会产生"对比"效果,更觉得信息与自己本来相信的差异极大,态度不易改变。因此要想改变一个人的态度,信息内容必须在此人所能接受的范围内。

废弃地是人类在土地利用的过程中各种不合理行为作用产生的,而人类的行为是受人类的各类需求以及动机决策的影响,在个人利益最大化目标的追求下,土地利用者将产生各种对于土地抛弃不用或者搁置不用的行为。因此可借助行为科学理论,分别从需求理论、行为动机理论、行为决策等角度来理解土地利用的过程中废弃地产生的缘由。

1.3.5 规划理论

A. Faludi 提出区分"规划中的理论"和"规划的理论"。随着规划研究范畴的扩大,其借鉴了经济学、管理学、生态学、社会学和政治学等理论,同时地理学、景观学、建筑学以及房地产学中的许多理论也被大量的应用,但这些都是规划中的理论,本书研究基础的规划理论,指的是规划的方法论。Kevin Lynch 提出规划理论系统应该分为功能理论、范式理论以及决策理论。其中功能理论侧重于规划对象系统本身,解释对象的物质形态、结构和运行机制。范式理论侧重于人们的价值目标与规划对象空间形态的关系研究,是关于对象如何发展才能符合人的主观愿望和价值判断,以弥补功能理论无法解释的社会文化特征。决策理论侧重于规划决策过程,是关于规划如何制定和执行,并在实施中发挥什么作用的问题(董祚继,2007)。

当代西方国家规划理论流派纷呈,影响较大的主要有多元学派、机构学派、改革学派等。多元学派认为规划是反映大众均衡利益的规则,它的制定受控于自下而上的影响,但多元学派忽视了不同竞争条件下相关利益团体不平等的问题,因而忽视了他们对土地利用规划的目的、影响程度及影响方式的差异。结构学派认为,地方政府机构结构复杂,权利较大且日益增强,难以被渗透而不接受当地居民的意见,规划决策依据官员和议员自己的偏好、信念和知识做出,极少考虑"被规划者"的利益,而城市正是通过这样的决策而扩展的。结构学派没有考虑经济因素,没有考虑规划决策的制定与运行都发生在资本主义经济体系内,因而带有很大的片面性。改革学派认为规划研究的是资源重新分配的不平等问题,并与贫困、无家可归的社会问题相联系,从而引导出对规划中利益再分配的讨论。

在西方国家,规划是政府干预社会经济的基本手段,其必要性和有效性建立在若干理论的基础上,尤其是干预理论、选择理论以及推荐参与理论等(郭彦弘,1995)。干预理论认为,政府通过制定政策来干预私人部门,其对社会干预有两种不同途径,即思想性干预和补救性干预,前者属于大范围的重大变革和战略性干预,往往以目标形式表现;后者重在解决当前问题,属于适宜性干预。选择理论认为规划单一依靠专家决策,必然会减少人们的选择机会,基于这样的考虑,规划者必须了解社会价值观念,将社会价值观作为规划总目标,要分析价值观的内在情况,诸如持有此种价值观的人数、信仰程度、各种价值观转变为规划目标的可能性等,以及考虑到社会群体中不同价值观之间的冲突情况。推荐参与理论认为由政府所做的规划与地方的实际情况存在脱节现象,所以必须把规划推荐给公众并让公众参与,为了让公众关心和支持规划,提出实行交易规划,在规划决策者和公众之间架设通信桥梁,互相学习,互相了解,从而取得政府与公众一致的意见。

废弃地的形成与产生和土地利用规划密切相关,土地利用规划是废弃地恢复的重要手段,借鉴 Kevin Lynch 规划的功能理论、基于土地利用规划的技术手段,科学的土地利用规划对废弃地的防治具有重要意义。

1.4 研究目的与意义

1.4.1 研究目的

本书基于当前特定的研究背景,立足于我国的基本国情,为了缓解土地供需矛盾,减轻生态环境压力,促进废弃地的防治利用以及保护和补充紧缺的土地资源,保

证土地利用系统的可持续发展,对废弃地体系进行了系统的研究,其主要目的如下:

(1) 系统地阐述国内外废弃地概念的起源与发展,界定满足于当前社会经济发展特征的废弃地概念;把握当前废弃地的实际概况,依据分类原则,制定合理的分类标准,进而构建适用性强的废弃地分类体系,形成废弃地防治研究的支撑体系。

(2) 依据废弃地类型,结合废弃地形成的宏观背景,分别从自然、经济发展、社会发展以及政策制度等宏观角度和微观多主体(政府、企业、农户)行为的效应角度入手,探讨废弃地的形成机理。

(3) 结合土地利用系统状态的总体判断,从系统论的角度分析废弃地对土地利用系统健康运行的影响,并通过对废弃地防治主体行为响应的分析,推理废弃地防治行为与土地利用的耦合途径,以达到土地利用系统的可持续发展。

1.4.2 研究意义

1) 理论意义

(1) 完善废弃地研究内容。我国的废弃地研究从20世纪50年代就已开始,但约有95%的研究都是针对矿业废弃地展开,研究类型单一,对于城市废弃地和农村废弃地研究较少。随着城市化及工业化的快速发展,城市扩张不断加剧,产业结构不断调整,新农村建设力度的不断加大,使得在城市、农村以及开发区等出现了大量的废弃地,因此本书拟探讨废弃地体系,以为各类废弃地的治理提供理论基础,为废弃地防治的深度和广度提供技术保障。

(2) 丰富废弃地研究的理论体系。国内从事废弃地研究的领域较多,但不同的研究领域对废弃地的定义有所不同,使得废弃地的定义含糊,甚至矛盾。目前国内生态学界的废弃地研究都是进行具体的恢复试验工作;城市规划、风景园林和建筑专业领域的废弃地研究都是针对狭义的生态景观设计理念,对具体的案例进行介绍,分析案例设计的理论方法,对于废弃地形成机理的研究鲜见报道。本书将从宏观和微观两个角度出发,分析废弃地的形成机理,为废弃地的有效防治提供理论保障和技术支撑,保证土地利用可持续发展。

(3) 为废弃地的防治利用提供新思路,同时为政府制定土地利用规划、村镇规划等提供决策依据。废弃地的大量出现,不仅造成稀缺的土地资源的浪费,同时对生态、社会环境造成了严重威胁,破坏了土地利用系统的平衡发展,基于此,本书通过分析废弃地对土地利用系统的影响,基于对废弃地形成的微观主体行为的分析,进行了废弃地防治主体行为响应的分析,推理了废弃地防治行为与土地利用的耦合途径即参与式规划,并构建了废弃地防治的参与式规划框架,为废弃地的防治利用提供了新思路,为土地利用系统的可持续健康发展提供了保障,同时为土地利用规划及村镇规划提供了有力的决策依据,也为发展集约节约型和环境友好型社会奠定了基础。

2) 实践意义

本书选择两个不同类型的研究区域即徐州大吴镇和苏州高新区进行实证分析,其实践意义为:

(1) 我国是世界上最大的矿产生产和消费国家之一,且我国煤炭资源与耕地资源分布复合的区域占耕地总量的40%,在矿区资源的开采过程中对耕地造成了极大的损害。然而我国关于矿区废弃地的研究虽在20世纪50年代就已开始,但时至今日关于矿区废弃地形成机理等理论研究的报道较少。因此本书选择最典型的废弃地类型,即矿业废弃地的研究区域——徐州大吴镇进行实证研究,不仅为矿业废弃地的研究奠定基础,也为矿业废弃地的防治提供新思路,为促进矿业废弃地的防治利用提供技术保障。

(2) 在经济快速发展,土地供需矛盾日益尖锐,尤其是建设用地与耕地保护之间的矛盾不断激化的经济发达地区,近些年来其废弃地的数量也在不断上升,基于此本书选择经济发达地区——苏州市高新区为实证区域,对其区域内的废弃地类型、形成机理以及防治主体行为等进行系统的研究,为缓解经济发达地区土地供需矛盾提供技术支撑,为保障经济发达地区经济与生态环境的协调可持续发展提供新思路。

1.5 主要研究内容

本书主要是针对废弃地的双重特性即对土地资源和生态环境的危害性和可开发利用的后备土地资源特性,基于人地协调理论、系统科学理论、生命周期理论、行为科学理论和规划理论的思想和原理,从废弃地的概念、分类入手,对废弃地形成的宏观机理和微观机理,以及基于微观层面的废弃地防治主体行为的响应以及与土地利用的耦合途径展开研究,其主要内容包括以下几个方面:

(1) 废弃地的概念及分类研究

立足于土地资源的稀缺性以及我国的基本国情,本书拟从国内外废弃地概念的起源与发展入手,对我国废弃地的概念进行界定,构建废弃地判别的概念模型,并对其特征进行梳理分析。在此基础上依据分类的标准和原则,构建废弃地的分类体系。

(2) 废弃地形成机理研究

本书拟从废弃地形成的宏观机理和微观机理两个层面展开讨论分析。一方面通过对城市化发展、国际经济一体化以及新型工业化等方面的梳理来剖析废弃地形成的宏观背景环境,揭示废弃地形成的宏观机理,并从自然、经济、社会、制度、政策等几个方面,运用主成分分析方法来探究影响废弃地形成的驱动要素。另一方面通过运用多主体模型的基本观点,分析与废弃地形成密切相关的微观主体,从企业、农户、政府三个主体出发,探讨不同主体的行为及主体之间的交互行为,并通过构建废弃地形成的多主体概念模型来探求废弃地形成的微观机理。

(3) 废弃地防治响应行为与土地利用耦合的分析

废弃地研究的目标是最大限度地集约、高效地利用土地资源,因此废弃地的防治是废弃地研究的最终目的。因此本书在分析废弃地对于土地利用系统影响的基础上,对于废弃地的防治行为进行了梳理分析。在此基础上,通过参与式规划的途径对废弃地的防治行为与土地利用进行了耦合,以使废弃地转变为可用的土地资源,达到集约节约用地的最终目标。

1.6 研究方法与技术路线

1.6.1 研究方法

(1) 文献研究法:本书研究的基础就是废弃地概念的界定与分类。通过对文献资料的阅读、选择、归类整理、考证,结合我国废弃地的现状,对废弃地的概念进行界定;根据实地调研以及文献分析进行废弃地类型的划分。

(2) 多主体模型(MAS)方法:在废弃地形成的微观机理分析中运用废弃地形成的多主体模型(Multi-agent System,MAS)。多主体模型方法在城市空间的研究中应用较广,近年来将 MAS 应用到土地利用变化领域的研究越来越多。从理论上分析,此模型也适用于废弃地形成的分析,本书将对此进行有益尝试。模型首先定义废弃地形成的相关主体,然后对各类主体的行为及行为交互建模,最后分析主体行为产生的效应。

(3) 理论和实证相结合的研究方法:本书首先从理论上探讨了废弃地的分类、形成机理的一般规律以及废弃地防治的机理等,然后针对具体的经济发达区域苏州高新区的废弃地和矿区徐州大吴镇的废弃地的类型、形成机理等展开实证分析,实现理论与实证相结合。

1.6.2 技术路线

本书研究技术路线图如图1.4所示。

2 废弃地的概念与分类

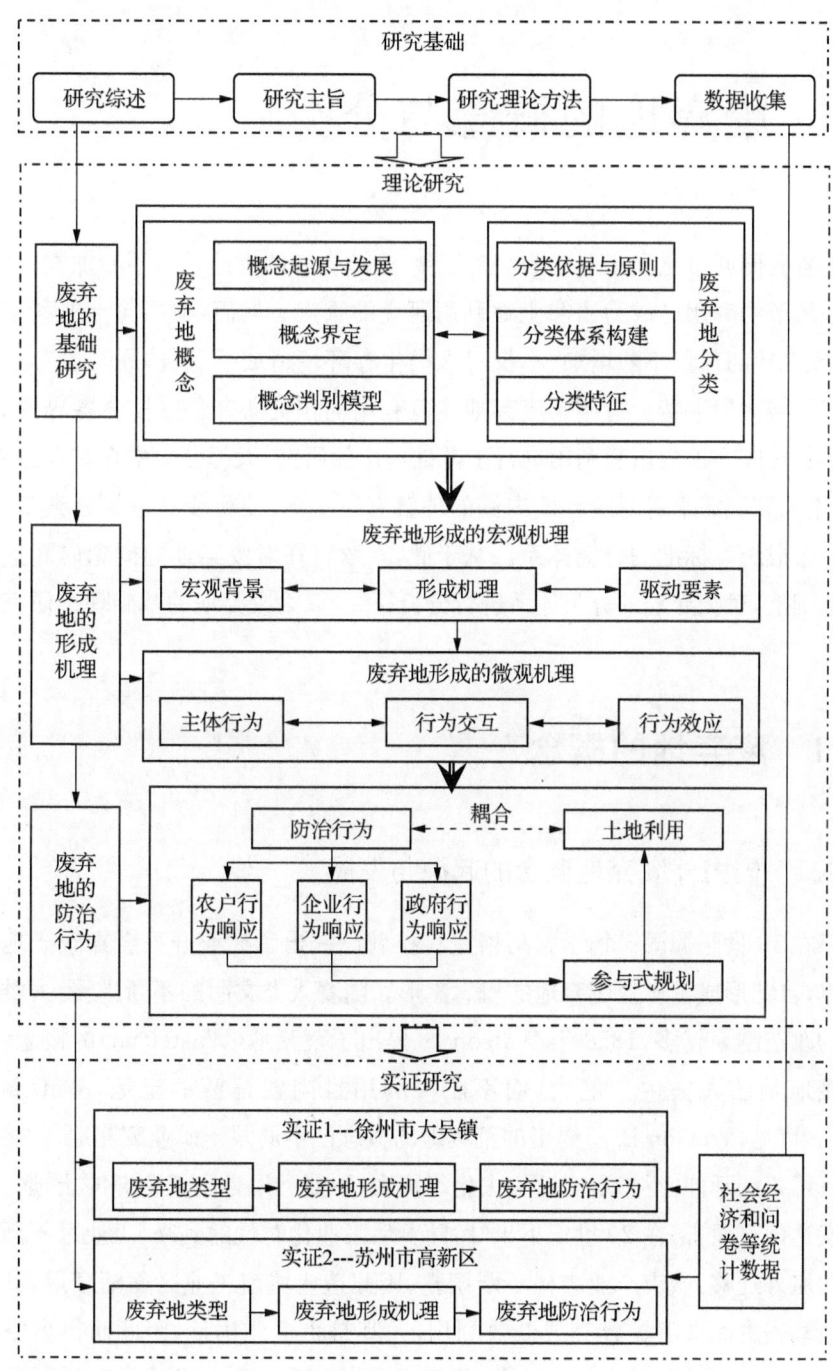

图 1.4 技术路线图

2 废弃地的概念与分类

随着我国城市化和工业化的快速发展,土地资源的供给矛盾不断加剧,土地资源的集约节约利用已成为当前土地利用研究的重点。然而,在当前土地利用的过程中,废弃地的数量不断增加,不仅对人类生存环境造成了危害,同时也对土地资源造成了极大地浪费。近年来废弃地恢复利用的相关研究备受社会各界的关注,许多学者对废弃地的恢复利用进行了基础理论的研究,大部分集中在矿业废弃地。然而,不同领域的学者对废弃地内涵的理解有所不同,使得废弃地的分类多样,至今没有形成统一标准的分类体系。基于此,本章将在对废弃地的概念内涵进行梳理的基础上,对废弃地的分类体系进行分析探究,以为废弃地的基础理论研究奠定基础。

2.1 废弃地的概念

2.1.1 国内外废弃地概念的起源与发展

早在16世纪德国矿物学家阿格里科拉就已提出了矿业开采会导致土地荒废的观点,自此形成了矿业废弃地的概念雏形。随着人类文明的不断进步,人类对自然界的改造越来越多,1858年Watson B.提出了荒废地(Wasteland)的概念,他认为荒废地是已失去生产能力,而不能再利用且闲置荒废的土地(Watson B.,1858)。可见,Watson B.所提出的荒废地的概念已不局限于矿业废弃地,而将其内涵进行了拓展延伸,泛指所有已失去生产能力,不能利用且闲置废弃的土地。对于西方发达国家而言,在20世纪下半叶,随着后工业化时代的到来,工业区不断地从城内向城外迁移,城市产业结构不断调整,因此造成城市工业区逐渐衰退,其利用价值渐渐丧失而被闲置废弃或低效利用,尤其是重工业用地,因此而得名"棕地"(曹康,2007)。在20世纪80年代,美国颁布的《环境反应、赔偿与责任综合法》(Comprehensive Environmental Response, Compensation and Liability Act,

CERCLA,也称超级基金法,Superfund Act),对"棕地(brownfield)"进行了正式的界定,即"棕地为废弃及未充分利用的工业用地,或已经或疑为受到污染的用地"。然而,棕地这一概念在西方国家中虽然得到了广泛的运用(Vanheusden. B et al.,2003),但是不同的国家对其内涵的理解有所差异,大部分西方国家对于棕地概念的界定仅限于城市区域的闲置废弃土地、被污染的土地以及旧的商业建筑,并强调不经过有效的干预处理,不能被直接利用。因此,我们可以将棕地理解为城市产业废弃地(Syms,1994;Gwilliam,1997;Vanheusden,2003)。在20世纪70、80年代,国外最常用的表示废弃地的另一术语为Derelict Land,可直译为废弃地,其意指在土地利用开发的过程中被损坏,且不经过修复无法利用或没有生产能力的土地,这类土地在当地规划中不能用于开发利用,而且已经过认定的废弃地如果在使用之前没有进行任何的修复,则将来的开发将会受到限制约束[1]。在20世纪末期,与废弃地内涵相近的术语"闲置地"即Vacant Land成了各界政府管理者以及学者关注的焦点,尤其在我国,随着城市化的不断发展和城市的迅速扩张蔓延,我国的大部分城市处于"摊大饼"式的发展模式,使得大量的农地非农化。此外我国大部分地方政府为了吸引外资,体现政绩,实行以低地价甚至是零地价来招商引资,从而形成了多批少用、占而不用等现象,使得大量土地处于闲置状态,因此21世纪以来"闲置地"成为土地问题的一大热点。在国外,所谓的"闲置地(Vacant Land)"就是指当前未使用的土地,闲置地(Vacant Land)与废弃地(Derelict Land)最主要的区别在于闲置地不经过修复就可以直接利用,而废弃地则不经过修复无法使用(Aruninta,2009)。英国对于闲置地[2](Vacant Land)和废弃地(Derelict Land)界定的另外一个条件是废弃或闲置的地块必须大于0.1 hm^2。而在我国,闲置土地[3]是指土地使用者依法取得土地使用权后,未经原批准用地的人民政府同意,超过规定的期限未动工开发建设的建设用地。也就是说"闲置土地"是有开发计划但尚未实施的土地。

我国废弃地的概念起源于对矿业废弃地所作的界定,最早的正式界定来自倪彭年等编译的《Colonization of Industrial Wasteland》,即指为采矿活动所破坏的,

---

[1] SCOTTISH VACANT & DERELICT LAND SURVEY UPDATE FOR CITY OF EDINBURGH COUNCIL 2008,www.aberdeencity.gov.uk。

[2] Aberdeen City Vacant and Derelict Land Survey 2009,www.aberdeencity.gov.uk。

[3] 《闲置土地处置办法》,1999。

非经治理无法使用的土地(格默尔 R.P.,1987)。该概念将废弃地限定为采矿活动所导致的矿业废弃地。截至目前,我国还没有形成标准的为大家普遍运用的废弃地概念,且由于从事废弃地研究的专业不同,其对废弃地概念的理解也不尽一致。彭少麟(1996)对废弃地提出了较为宽泛的概念,他认为废弃地是人类文明进程的产物,随着人类的发展而逐渐产生;陈芳清(2004)认为废弃地是一种在人为及自然因子的干扰下导致生态环境变化巨变、系统结构急剧退化的生态系统;李洪远(2005)对废弃地的内涵进行了具体化,他指出废弃地为在工业、农业、城市建设等不同类型的土地利用形式中产生的种种没有进行利用的土地;虞莳君(2007)在李洪远定义的基础上,将废弃地的内涵进行了进一步的细化,且限定废弃地为"不经治理无法再利用的土地"。孙青丽(2008)对废弃地的定义主要是针对工业生产以及与工业生产相关的基础设施废弃地,在城市的发展中这些工业设施具有重要地位,它们往往见证着一个城市或地区的经济发展和历史进程。我国废弃地的研究起步较晚,且现有研究对于废弃地内涵的界定大部分只侧重某一个方面,可见目前对于废弃地的概念还没有形成一个全面的权威的界定。此外,我国对废弃地的理解与国外相比,不仅针对城市内部,也包括农业利用过程中产生的各种废弃地,但是目前对废弃地的定义缺乏系统性,以致在实践中造成对废弃地的界定和界限划分的模糊不一致。

2.1.2 废弃地内涵的界定

纵观国内外有关废弃地概念的起源和发展,可知我国现有的对于废弃地的概念不够全面,已不能囊括现阶段所显现的各种废弃地。与国外的概念相比较,李洪远虽然对废弃地的内涵进行了丰富细化,但他将废弃地限定为种种没有进行利用的土地,而忽略了未充分利用的土地(Under-Used)。在我国,各类未充分利用的土地不容忽视,主要体现在农业用地和建设用地,尤其是在我国20世纪90年代大量兴建的各类开发区中,存在着大量未充分利用的低效用地。根据报道,2008年,广东省低效用地约有200万亩(1亩=666.67 m^2,下同)(王亮等,2008),因此合理利用低效用地将可能解决土地供应不足的问题,缓解我国紧张的用地矛盾。虞莳君所定义的废弃地的内涵虽然与李洪远定义的概念存在着同样的缺陷,但他在李洪远所定义的基础上,对废弃地的内涵有了更为深刻准确的认识,他认为废弃地是不经治理而无法再利用的土地,这也与国外对于废弃地的内涵认识一致。

结合目前我国废弃地的特点,为了提出为大家所普遍认可的废弃地概念,在对国内外概念内涵回顾分析的基础上,我们将废弃地的内涵在广义上理解为:① 在各种类型的土地利用过程中或在自然因素的干扰下所产生;② 已经使用或开发过的土地或建筑物;③ 目前处于闲置、被遗弃或未被完全利用的各类用地(包括工业、农业、建设用地和交通用地等);④ 需经过一定的治理才能进行再次利用;⑤ 其他目前仍在使用但还有再开发潜能的土地;⑥ 该地块可能遭受(工业)污染。基于废弃地的内涵,根据有关废弃地的探讨,可将废弃地定义为:在各种类型土地的利用过程中,随着人类活动的停止或受自然灾害的影响而使得已经使用或开发的土地目前处于闲置、遗弃等未利用或未被完全使用的特殊状态,且该类土地需要经过一定的治理才能投入将来的再次利用(张丽芳等,2010)。为了更好地理解废弃地的内涵,对废弃地进行更为准确的界定,在结合现存废弃地产生的问题以及将来在社会经济因素、社会价值以及政策等多方面因素的驱动下恢复再开发的潜力(Roberts et al.,1998)的基础上,本书尝试构建了废弃地概念的判别模型(见图2.1)。我们在判断废弃地时首先用所看到的现象去进行必要条件的判别,只有其现象符合每一个必要条件,则可判定为废弃地。

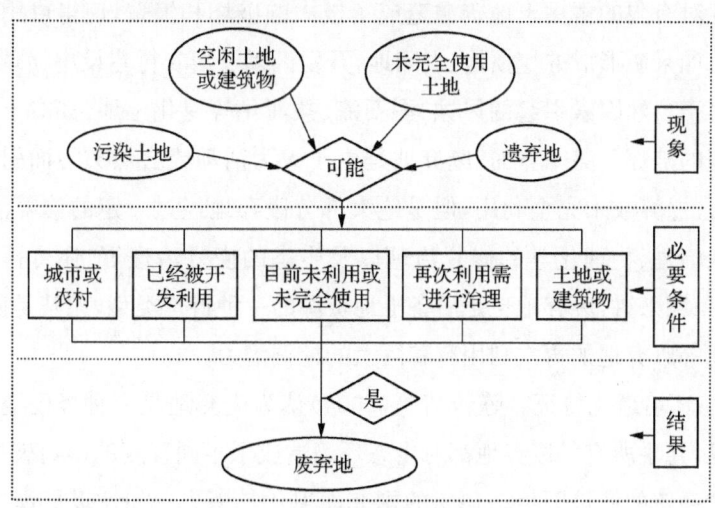

图 2.1 废弃地概念的判别模型

注:(1) 该模型根据 Sandra Alker. et al. 的模型改编。

(2) 对模型中一些概念的解释有:

污染土地:就是指土地被污染,也可以说在某个地块中或地块表面出现一些生物、化学或(有形)物质的危害物,且该地块只有通过一些修复措施才能投入再次的利用。

空闲土地或建筑物:土地或房屋在先前的生产中使用过一段时间,目前处于空闲,没有投入使用的状态(Handley,1996)。

遗弃地:工业或其他产业在开发使用土地的过程中对土地造成了损害,且这些土地不经过一定修复处理无法投入正常的生产和生活利用(DOE,1995)。

未完全使用的土地:是指一块地仅仅部分投入使用,而另一部分未使用的情况(Environmental Protection Act 1990)。

治理:指为了使废弃地块被完全充分的投入利用所采取的一些行为措施。这些措施包括财政措施;物理、化学或生物修复措施;规划或政策制度的修改完善等措施。

2.1.3 废弃地的特征

不论是人类活动引起的废弃地,还是自然因素形成的废弃地,都引起了土地资源的破坏和浪费,如地表废弃物的堆积,土壤的污染,甚至有些废弃地使得自然地形、地貌发生了改变。结合虞莳君的研究,可将废弃地的特征概括为以下几方面:

① 两面性特征。对土地资源而言,废弃地具有两面性特征。一方面,废弃地的大量产生对有限的可用土地资源造成了极大的破坏和浪费,使得可用土地资源不断减少。如采矿形成的挖损地、塌陷地,开发区以及新农村建设中显现的大量闲置地以及由于自然因素引起的风蚀、泥石流、盐渍化等退化土地,都对土地资源造成一定程度的破坏。另一方面,废弃地是由于人为活动或自然灾害而引起的土地资源的闲置、遗弃或未完全利用,但是绝大部分废弃地经过一定的修复治理(包括财政的投入治理、物理化学的修复治理以及生态的恢复治理等)还可再次投入使用,从这个角度来讲,废弃地也是后备土地资源的一种特殊类型,尤其是闲置地、未完全利用地等废弃地的再次利用有着巨大的挖掘潜力。

② 生态环境退化特征。陈芳清等(2004)认为废弃地是一种极度退化的生态系统。可见,几乎所有的废弃地都对生态环境造成了不同程度的影响破坏,废弃地上原有生态系统的植被因生态环境的剧变而退化与消失。如垃圾填埋场,对周边空气有着严重的污染,且对周围的土壤和地下水形成了长期的污染,进而改变了原有的生态环境系统,使得生物多样性降低,更使土壤及地表的植被处于一种退化的状态。

③ 景观退化特征。景观的退化从形式上可分为景观结构退化和功能退化。

结构退化指景观中各生态系统之间各种功能联系断裂或连接度减少的现象;而功能退化指由于景观异质性的改变而导致稳定性和服务功能衰退的现象(关文彬,2003;刘海龙,2004)。由于人为活动或自然灾害所引起的大量废弃地给人类留下了大量的视觉景观退化的特征,如采矿活动引起的挖损的土地、破坏的地表以及地下开采引发的地面塌陷等,开山采石引起的切削的山体,废弃的仓库、厂房以及移民等引起的弃耕地等,直接影响了景观的环境服务功能。

④ 文化特征。不论是农业生产还是工业生产过程中所产生的废弃地都代表着人类改造自然的力量,记载了人类技术进步的历程和文明的脚步。由此可见,废弃地具有特殊的文化价值,特别是一些代表技术革新、具有里程碑意义的工业遗存,也是人类文化遗产的一部分。

2.2 废弃地的分类

2.2.1 废弃地分类概述

1) 有关土地分类

土地分类作为一种类型研究法,根据各个体土地单位内部的共同性或相似性对其进行不同程度的抽象概括与归并,从而得出分类级别高低不同的各种土地类型(龙花楼,1999)。根据蔡运龙(1992)对土地分类理论和方法的研究,可知为了保证分类的科学性,分类系统必须符合一定的逻辑法则,即在分类时必须要贯彻以下原则:① 对象分配的唯一性,即任一对象只能分配给一种类型;② 分类对象的全面性,即在每一步分类中都必须包括所有的分类对象;③ 分类的层次性,即分类必须按一定的层次逐级进行,不能出现越级分类的逻辑错误。为了保证上述逻辑法则的实现,分类指标必须具有互斥性、详尽性和层次性,且分类指标作为土地分类的基础决定着分类的结果,因此在选择土地分类指标时必须遵循综合性、主导因素性和生产实践性的原则。分类的步骤在本质上有两种,即"自上而下的分类"和"自下而上的分类"。"自上而下的分类"又称逻辑划分或演绎分类,即按照逻辑法则,根据差异性指标将分类对象逐次分为若干部分,每次使用一种特性作为分类标准。"自下而上的分类"又称组合或归纳分类,也遵循逻辑法则,只是从枚举泛集中的全部分类对象开始,根据某些相似性指标把一个个分类对象组合为若干类型,再按更高层次的相似性指标把这些类型组合为较高级的类型,如此继续下去。相比较这两种分类步骤而言,"自上而下的分类"步骤线索清楚而简单,在地理学中分类大多采用这一步骤,如世界区域分类。

纵观国内外现存的各种土地分类,根据对土地内在属性认识的差异和分类选择指标的不同,通常有发生法、景观法、参数法和景观生态法四种分类方法(龙花楼,1999)。发生法着重于土地的形成过程,以发生的关联性与相似性为依据,把土地划分为各个单位并对之分类。这种方法所划分出的都是大尺度的土地单位,且这些单位间的界限较模糊。景观法是指通过识别土地空间形态的相似性与相异性来进行土地的分类。景观法所划分的土地单位在尺度和精度上都适合于土地分类,且土地单位间的界限比较清楚。参数法是将主导指标及一些辅助指标加以量化,即选择对于分类目的意义重大的少数几个属性来作为分类的标志,并以这些属性的数量值为依据来进行土地分类。该方法所划分的结果比景观法的结果更为精确,同时也在一定程度上克服了景观法划分的主观性,但是参数法的划分离不开景观法的综合分析,且以其为基础。景观生态分类方法的主要特点是在景观法中叠加了发生法的优点,因而是一种十分综合和实用的分类方法。景观生态分类方法不仅强调土地水平方向的空间异质性,还力图综合土地单元的过程关联和功能统一性,即把某一土地单元内各种现象及其相互作用作为一个生态系统来研究(王仰麟,1996;龙花楼,1999)。景观生态分类是土地分类的深化方向,该方法在加拿大、荷兰、德国和东欧国家广泛应用,我国部分学者也对景观生态分类的基础理论和方法应用进行了相关的研究探讨(王仰麟,1996;肖笃宁等 1998;陈利顶等,1996;刘惠清等,1998)。

2) 与分类有关的废弃地形成的影响因素

(1) 土地利用方式

废弃地是人类在进行土地利用的过程中产生的,土地利用方式不同,产生的废弃地的数量和类型截然不同。比如具有存储功能的土地,主要是矿业用地,人类的利用主要是通过地上或地下采掘的方式。在这种方式的利用过程中,因挖损、压占、垮塌或地表污染对土地造成一定程度的破坏而弃之不用。我国仅被采矿破坏的土地就有约 $6.0 \times 10^6 \, hm^2$,据统计安徽铜陵市在 2005 年尾矿库(场)占地总面积达 280 hm^2(田胜尼等,2005)。具有承载功能的土地,一般是居住、工业及交通用地。在我国工业化进程中土地的粗放利用现象较为普遍,许多地方政府由于利益驱动,为了大力发展地方经济,以土地的低成本作为招商引资的主要诱因,从而形成多批少用、征而不用的现象,造成土地资源的闲置浪费。尽管我国已出台了闲置土地的处理办法,但是至今仍随处可见大量的闲置和低效用地。2007年国务院新闻发布会的报告显示,我国现有建设用地当中闲置土地、空闲土地、批而未供土地大约有 $2.67 \times 10^5 \, hm^2$。

(2) 地形地貌

地形地貌条件的复杂多变将导致生态系统不稳定,容易产生自然灾害,比如泥石流、滑坡以及地震等,灾害的发生使得土地资源损毁。像三峡地区,其地形条件复杂多变,生态系统十分脆弱,长期以来该地区大量的自然生态系统遭到严重破坏和影响,进而形成了类型各异的废弃地生态系统(陈灵芝等,1995;陈芳清等,2001;贺金生等,1998)。

(3) 周围环境

周围环境对废弃地形成的影响主要涉及土地的区位条件和环境的限制等。土地区位条件的改变对土地利用方式能产生很大的影响,在此过程中很容易因用地不合理而导致闲置地等废弃地出现。如处于郊区或开发区附近的部分土地实行了农地非农化的转化,然而,在转化的过程中,由于资金或政策等方面的因素,往往出现征而不用、多占少用的现象,导致部分土地的闲置浪费。

2.2.2 废弃地分类的方法、依据和原则

1) 分类的方法

废弃地是一个社会、经济、环境的复合生态系统,且是一种退化的生态系统。人类直接和间接的对土地利用的不合理活动导致废弃地的形成,同时使得废弃地区域的景观退化。景观生态分类是以人与景观之间相互关系、相互作用为出发点,即特别关注景观系统的功能特征。除此之外,景观生态分类将影响景观的人类活动体现在分类之中,并作为分类的基本指导原则。换言之,景观生态分类实际上就是从景观的功能特征着眼,从景观结构入手,进行景观生态系统类型的划分。通过分类体系的建立,全面反映一定区域景观的空间分异和组织关联,揭示其空间结构与生态功能特征,以此作为景观生态评价和规划管理的基础(王仰麟,1996)。因

此，使用景观生态分类的方法是废弃地类型划分的理想方法。然而，在运用景观生态分类的方法进行废弃地类型划分时应当注意如下问题：

(1) 景观单元的确定和类型的归并

景观的空间异质性直接表现了其景观结构，同时也间接地体现了景观系统的内在功能。景观系统的功能一般包括两个方面：系统内部各种流（物流、能流和信息流）的相互关联机制和表现形式；另一方面即是景观对环境的服务。景观系统各种流的相互关联机制和表现形式通过它们的发生过程而体现；而景观对环境的服务则通过景观为人类提供的相应利用方面以及它们间的相互关系而体现。景观生态分类的目的和特点就在于景观的形态和发生两方面特征的综合反映，景观生态系统个体单元应具有完整的结构和统一的功能。因此，一般个体单元的确定以功能关系为基础，类型的归并以空间形态为指标。

(2) 反应控制景观形成过程的主导因素

从理论上讲，个体景观单元的形成过程并非单一原因所致，但在众多原因中却往往有一个最主要的原因。若类型单元能反映出这一主导因素，将有利于采取合理的预防和治理措施，使得废弃地能够再次利用，且达到土地资源可持续利用的目的。

(3) 体现人文因素

在景观生态分类中应体现人类活动的影响作用。废弃地是人类活动的直接和间接影响所致，人类活动的直接影响体现在人类在利用土地过程中，由于一些不合理的行为而导致废弃地的形成；人类活动的间接影响体现在人类长期的各种活动所导致的一系列气候变化，如泥石流、滑坡、荒漠化等自然灾害的发生以致形成废弃地。可见人类对于各单元影响的强弱决定了废弃地的现状，因此，在进行分类时应体现人文因子。

2) 分类的依据和原则

景观生态系统的整体综合属性可通过系统的空间形态、空间异质组合、发生过程和生态功能四个方面特征的综合反映。系统的空间形态和空间异质组合两个方面可以直接观察，较为直观且易于确定，在分类上有较强的优越性；而发生和功能两个方面的特征较为抽象，主要反映其系统的内在综合属性。景观生态分类能综合体现景观生态系统的形态、空间组合、发生及功能等多方面的特征。由此可见，应用景观生态分类的方法对废弃地进行分类具有较高层次的综合意义。废弃地形成的结构和功能上的差异为废弃地类型的划分提供了依据。

参照龙花楼(2009)对空心村类型的划分,废弃地的分类也应遵循以下几个原则:

(1) 突出状态特征

废弃地的状态特征是人类开发利用土地时的不合理行为所致的结果,它能反映废弃地直观的基本特征和形成的本质差异。

(2) 演化过程或形态的相似性

废弃地并不是天然就存在的,它是自然和人类活动的结果,每类废弃地都有其发生、发展和演化的过程,且同类废弃地由于具有相同的演化过程而使它们拥有相同的形态和特征。由此可见,在进行废弃地类型划分时,要以相同或相似的形成演化过程及影响因素作为分类的基础,力求通过内在和外在因素的影响作用,以过去的利用形式来划分现在的状态。

(3) 防治措施和改造利用方向的一致性

不同类型的废弃地在形态特征及演化过程上存在差异,因而不同类型的废弃地其防治的方法途径和恢复利用的难易程度以及恢复后的利用方向都有着显著的差异和区别,因此同一类型废弃地的预防和治理措施以及恢复利用的方向大体上应一致。

(4) 主导性原则

废弃地类型发生和演替的影响因素是多方面的,且单个废弃地类型的功能也不是单一的,但却具有一个能反映废弃地自身特征的最主要因素和功能,在进行类型划分时要突出这个主导性的因素或功能,这也是废弃地分类的基本立足点。

(5) 全面性原则

不同的环境条件以及不同的土地利用方式将形成不同的废弃地类型,因此建立的废弃地分类体系应该涵盖所有的废弃地类型,这也应作为废弃地分类的基础而贯彻于整个分类的过程之中。

2.2.3 废弃地分类系统

本书采用将人类活动的影响引入到分类之中的景观生态分类方法,根据土地利用的方式、地形地貌以及周围环境等影响废弃地形成的因素对土地利用结果和功能的影响作用,采取"自上而下"的分类方法来对废弃地进行分类。在分类的过程中,按照分类的原则进行类型的划分,首先根据突出现状特征的原则,即废弃地目前的废弃程度和利用状态,将其分为完全废弃且未利用地(A)和未完全使用或趋于退化但目前仍在利用状态的土地(B)两类;其次根据演化过程或形态的相似性原则,以景观生态分类法的基本出发点即景观功能特征为指导思想,参照《全国土地分类》(过渡期间适用)标准,依据废弃地发生、发展的演化过程和条件,将废弃地划分为5个二级类型;最后按照防治措施和利用方向的一致性,在二级类型划分的基础上将废弃地细分为17个三级类型;主导性原则和全面性原则贯穿于废弃地分类的全过程。对废弃地类型的具体划分详见表2.1。

表2.1 废弃地分类系统

一级类型	二级类型	三级类型	类别名称	含义
A			未利用地	指先前利用的土地或建筑物,随着人类活动的停止,目前未投入使用
	A1		闲置地	指由于某种原因使土地及其附着物未投入使用,而处于闲置的状态
		A11	空闲地	指闲置没有投入使用的土地,包括征而未用地、供而未用地等
		A12	废弃农用地	指由于各种原因而荒废的农用地,包括荒废的耕地、园地、林地、退化废弃的牧草地等
		A13	废弃建筑物	指闲置、坍塌而不能使用的建筑物,包括闲置、坍塌的宅基地、工厂以及仓库等房屋及场地
		A14	废弃交通用地	指闲置不用或功能已丧失而不能正常使用的交通用地,包括铁路、公路及水域
		A15	其他废弃地	由于各种原因未使用或尚不能使用的土地,如裸岩、陡坡地、石砾地等
	A2		污染地	因土地被污染无法利用而废弃的土地
		A21	工业污染地	工矿企业在生产过程中产生的废水、废气、废渣引起土地污染而使其废弃的土地
		A22	垃圾堆积地	由于堆放垃圾而形成土地的污染废弃
		A23	农业生产化学污染地	指在农业生产的过程中由于农药以及化肥等的不合理施用而导致土地污染废弃
		A24	压占地	指因在地表堆放废弃物或有害物质而污染的土地,主要指尾矿、矸石、粉煤灰等堆积地
	A3		损毁地	指由于地表形态的损毁而不能使用废弃的土地
		A31	塌陷地	指由于对矿产资源的开采过程中引起土地塌陷而不能投入使用的废弃土地,包括稳定塌陷地、不稳定塌陷地、裂缝地等
		A32	挖损地	由于人们对地表形态的挖损破坏致使土地不能投入使用而废弃的土地,如修筑公路时两侧挖废的大坑
		A33	灾毁地	指由自然因素引起的自然灾害而损毁的土地,比如滑坡、崩塌、地震,以及风沙等自然灾害损毁地

续表 2.1

类别代号			类别名称	含义
一级类型	二级类型	三级类型		
B			正在利用地	指人们在利用土地的过程中由于各种原因使得土地生产力和利用率降低，但目前仍在使用之中
	B1		退化地	指由于自然力或人类利用中的不当措施或二者共同作用导致土地生产力的暂时性或永久性降低①
		B11	土壤侵蚀	指土壤在水力、风力等外力的作用下被分离、破坏和移动，导致土地的生产力降低
		B12	沙化土地	指在各种气候条件下，由于各种因素形成的地表呈现以沙物质为主要标志的退化地
		B13	盐渍化地	指易溶性盐分在土壤表层积累而导致土地生产力降低
		B14	其他退化地	除以上各类之外的退化地
	B2		低效用地	指目前利用的土地处于未完全使用的状态

2.3 本章小结

本章在对国内外废弃地概念的起源与发展研究梳理的基础之上，对我国废弃地的概念内涵进行了界定，并对废弃地的特征进行了阐述。在此基础之上，对土地分类的方法、分类的步骤以及分类指标选取的原则进行了概述，并通过与分类相关的废弃地形成的影响因素的分析，借鉴土地分类的方法，最终选择了废弃地的分类方法，即景观生态分类方法。进而在确立废弃地分类依据和分类原则的基础上，构建了我国废弃地的分类体系。本书将废弃地共划分为 2 个一级类，五个二级类和 17 个三级类。主要结论如下：

（1）废弃地概念的界定

本书在对国外和国内废弃地概念的起源以及发生、发展的分析基础之上，结合我国当前的土地利用问题和废弃地的现状特点，对废弃地的内涵在广义上进行了 5 个方面的界定，将废弃地定义为：在各种类型土地的利用过程中，随着人类活动的停止或受自然灾害的影响而使得已经使用或开发的土地目前处于闲置、遗弃等未利用或未被完全使用的特殊状态，且该类土地需要经过一定的治理才能投入将来的再次利用。根据此概念构建了废弃地概念的判别模型。同时对废弃地的特征

---

① 引自沈渭寿（2006）等人对土地退化的定义。

进行了概括,即废弃地具有两面性特征、生态环境退化特征、景观特征和文化特征。

(2) 废弃地分类体系的构建

本书首先对分类贯彻的原则、分类的方法和分类指标的选取进行了概述,并对土地分类的方法进行了介绍,即发生法、景观法、参数法和景观生态法。在此基础上,通过对与分类有关的土地利用方式、地形地貌以及周围环境三个影响因素的分析,结合废弃地的特点,确立了废弃地分类的方法——景观生态分类的方法,确立了废弃地分类五个方面的原则,即突出状态特征、演化过程或形态的相似性、防治措施和改造利用方向的一致性、主导性和全面性原则。遵循这些原则并利用景观生态分类的方法将废弃地的类型划分为2个一级类型即未利用地和现仍在利用的废弃地,5个二级类型即闲置地、污染地、损毁地、退化地和低效用地,根据防治措施和改造利用方向一致性的原则又将二级类型细化为17个三级类型。

近年来在土地资源日趋紧张的形势下,我国废弃地的现象仍随处可见,粗放、不合理的土地利用方式已经威胁到我国土地资源的可持续利用。因此本书结合废弃地的现状,对废弃地的概念内涵进行界定,同时构建了废弃地的分类体系,为我国废弃地的研究奠定了基础,为土地资源的合理、集约利用和可持续发展提供了指导依据。

3 废弃地形成的宏观机理

土地作为人类赖以生存和发展的重要物质基础,是人类社会不可替代的物质财富。人类对土地开发利用的历史始于人类种植与定居的开端(David Rhind & Ray Hudson,1980),可见人们对土地资源的开发利用贯穿于人类社会发展演化的整个过程。然而,伴随着生产的发展,特别是城镇化、工业化的兴起,以及人口数量的增加、人类活动范围的不断扩大,土地资源供给的稀缺性与社会需求的增长性之间的不协调发展,导致人地矛盾不断加剧(刘彦随,1999;Isaac,2002),现阶段土地资源已成为制约我国社会经济持续与协调发展的重要因素。然而,在人地矛盾不断恶化的同时,由于人类不合理的土地利用方式而导致土地资源严重退化、损毁和闲置浪费等现象日益凸显,使得废弃地的数量不断增加,这不仅浪费了大量的土地资源,加剧了土地资源的供给矛盾,同时也引起了景观的破坏和生态环境的恶化,破坏了生态系统的平衡协调发展,使得我国原本就紧缺的土地资源正经受着养活众多人口、满足建设占用、保障农业发展和支撑生态修复的历史性考验(刘彦随,2006)。可见,进行废弃地的预防和治理是保护土地资源、挖掘用地潜力的重要途径之一,因此,本章将基于宏观背景环境,分析废弃地形成的宏观驱动机理过程,进而为防治废弃地、保障土地资源充分合理利用提供依据。

"机理",根据其字面意思可理解为动机与道理,根据《现代汉语词典》可将其理解为:① 机器的构造和工作原理;② 机体的构造、功能和相互关系;③ 某些自然现象的物理、化学规律。我们可将"机理"理解为事物变化的道理,包含着两方面的含义:一是事物发展变化的本质和规律;另一方面是事物发生变化的驱动力或影响因素。由此,本章对于废弃地形成的宏观机理首先从其形成的宏观背景环境,也即废弃地形成的新型驱动要素入手,通过对推动废弃地形成的传统驱动因素的梳理分析,进而推理废弃地形成的宏观机理。

3.1 废弃地形成的宏观背景

3.1.1 经济全球化的发展

"全球化"一词最早出现在1962年,经过近些年来的发展现已成为新时代的基本特征。自20世纪70年代以来,发达国家经济结构调整和产业扩散促进了日趋增强的经济全球化趋势,许多国家都经历着巨大的经济、社会转型(刘卫东,2007;Harvey,1989)。20世纪80年代以来,在改革开放的带动下,我国也积极地加入到了全球化的进程之中,进而带动我国经济进入了高速发展的时期,然而,也使我国进入了一个社会问题日益尖锐、环境压力日趋严峻的时期。从经济发展的层面来看,自参与经济全球化以来,我国社会经济发展的宏观环境的演变主要表现出以下特征:

一是国际产业的转移。经济全球化的发展推动了世界产业经济布局的巨大变化,在此背景下,产业空间结构发生了重构,从某种意义上讲,经济全球化是一场以发达国家为主导,以跨国公司为主力,有大量发展中国家参与的世界范围内的产业结构大调整(万卫红,2006)。根据国际产业结构转移调整的"金字塔"(见图3.1),以劳动密集型产业为代表的传统制造业和以煤炭及钢铁为代表的重工

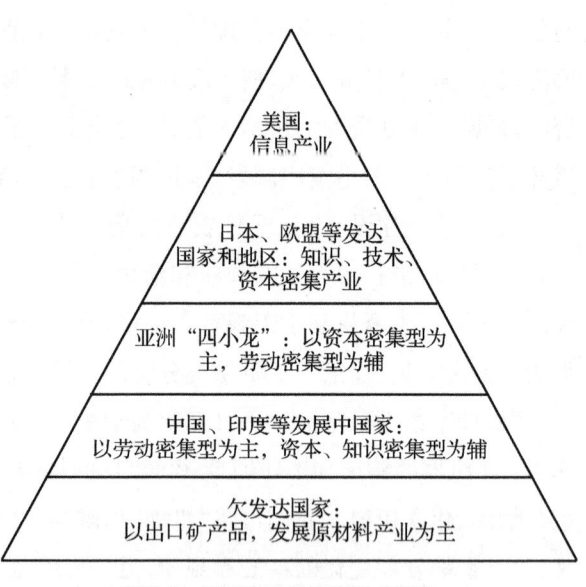

图 3.1 国际产业结构的"金字塔"

资料来源:李琪(2003)

业逐渐从发达国家向发展中国家以及欠发达的第三世界国家转移,而发展中国家也将传统产业从城市内向城市外迁移,加速了传统产业基地的结构性衰落。进入20世纪80年代以来,我们国家由于土地的低成本和廉价的劳动力迅速地加入到

全球化的过程之中。在80年代初我国先后在沿海开放城市建立了经济技术开发区,像有着地理优势、毗邻港澳的珠三角地带,在90年代时约有80%的香港厂商已在此地建立工厂,至21世纪初期,珠三角已经成为了"世界工厂",极大地推动了当地经济的增长。然而在大力兴建经济技术开发区,发展第二产业的同时,第一产业的比重逐渐降低,大量的农地进行了非农化的转变,我国当时为了吸引外资,带动地方的发展,大多是以低地价甚至零地价的土地优惠政策来吸引外资,因而导致土地的粗放低效利用,时至今日,大多数地方的经济技术开发区仍普遍存在着占而不用、多占少用等圈地现象,极大地浪费了紧缺的土地资源。此外,衰落的传统产业造成城市人口的严重流失,使得传统产业基地产生大量产业废弃地和厂区建筑闲置。

二是产业结构的调整。经济全球化地不断深入发展推动了产业结构的优化升级。整个产业结构逐渐从第一产业占主导向第二和第三产业占主导的方向演化发展。随着国际产业和资本的不断流入,我国的工业化进入了迅速发展的时期,为了使得自身的发展更具有竞争力,第二产业的内部结构进行不断地调整和优化升级,即产业结构向高度化发展,主要表现为劳动力密集型工业逐渐向资本和技术密集型的重工业和加工工业过渡转变,在此过程中,以商业、金融业和服务业为代表的第三产业迅速地向城市中心区聚集。由于第三产业的单位土地收益率较高,对于城市中心优势区位的竞争力较第二产业更强,且城市中心区的高价地租对产业扩展形成限制,迫使工业向城市郊区转移。因此我国一些城市,尤其是珠三角地带城市在区域和层次上呈现出发展的不平衡,甚至东部发达地区的一些大城市已显现后工业化的雏形,即产业结构布局的调整。广东省的产业结构从2004年就开始出现变化,到2007年,变化更为显著,大量媒体报道了深圳、东莞、佛山等地的外商直接投资的企业开始出现关闭或迁移现象(李郇等,2009),从而导致大量旧的工业厂区短期或长期的闲置废弃。可见,在经济全球化的背景下,各个城市的产业结构布局受到了较大的影响,计划经济时期形成的依中心城区而建的工业用地的格局形式已经不能适应经济发展的要求。鉴于此情况,在90年代初期,部分城市实行了"退二进三"的政策来调整城市产业用地布局,然而,在"退二"的过程中,产生了大量工业厂区倒闭或搬迁后的闲置废弃地,造成土地资源的浪费。

目前我国仅有少数特大城市和沿海开放城市刚刚步入工业化的后期阶段,绝大部分城市仍然处于第二产业占主导、内部产业结构不断优化升级且产业结构向高度化方向发展的工业化成熟阶段,甚至大部分西部城市处于工业化的初期阶段,因此促进第二产业内部结构的优化升级以及产业结构的高度化发展将成为我国城市发展的主要趋势。在我国将要或正在进行的产业结构调整、企业区位转移的城市产业结构变迁的关键时期,产业结构调整过程中产生的大量工业废弃地的如何合理、高效地利用已成为重要课题(刘抚英,2007)。

三是信息产业的发展。随着全球化的快速发展,信息产业得到了长足的发展,现已全面进入信息社会,随着生产、通讯以及运输技术和方式的改变,原有的运输工业交通设施(如码头、铁路等)以及传统工业的生产工厂、仓储用地等的功能布局和生产基础设施已不能满足高科技信息技术发展的要求,从而加速了这些传统产业用地的功能性衰退,伴随着传统产业的衰退,大量老式产业基地废弃,建筑物闲置,进而导致大量废弃地的形成。

3.1.2 城市化的发展

我国在 20 世纪 70 年代以前还未曾提及"城市化",直到十一届三中全会以后我国的城市化才得以快速发展。然而,由于城市化本身的复杂性和多学科性,因此不同的学科对于城市化的概念界定有所不同。从广义上讲,城市化是指居住在市、镇地区的人口占总人口比例增长的过程,是由于社会生产力的发展而引起的市、镇的数量增加及其规模扩大,人口向市、镇集中,市、镇物质文明和精神文明不断扩散,区域产业结构不断转换的过程(孙中和,2001)。虽然不同学科的学者对于城市化内涵理解的侧重点不同,但是对于城市化本质都一致认为是乡村的城市化,即包括两个方面:一方面是农业人口的城市化;另一方面是土地的城市化(袁丽丽,2005)。根据美国地理学家诺瑟姆(Norhtam Ray. M.,1975)提出的城市化发展的 S 形曲线(见图 3.2),可知城市化的发展阶段可划分为三个阶段,即城市化发展的初期、中期和后期三个阶段,每个阶段都具有明显的特

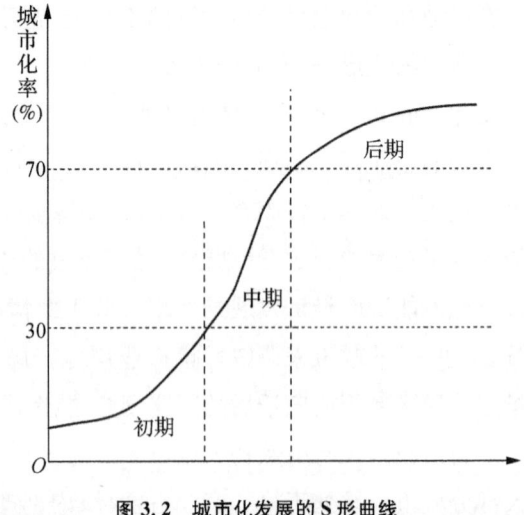

图 3.2 城市化发展的 S 形曲线

征,三个阶段分别以 30% 和 70% 的城市化率水平为拐点。在第一阶段即城市化发展的初期,S 曲线的斜率较小,城市化水平较低,发展速度较慢;中期阶段时,其曲线斜率较大,城市化进入了加速发展阶段,这也是人口向城市快速集聚的过程;后期阶段时,曲线的斜率再次变小,进入了高度城市化的发展时期,在这一阶段城市人口的增长趋于缓慢甚至停滞。

城市化是现代经济发展的产物,它的最典型的特征之一就是通过人口以及产业的集中、地域的扩张,使得土地利用非农化。在城市化的发展过程中,农地非农化用途的转化尤为突出。自从 20 世纪 80 年代我国进行农村经济体制改革以及城镇化战略调整以来,我国城市用地迅速扩张,导致耕地的急剧减少,据卫星资料测算,1986—1996 年间,全国 31 个特大城市市区用地规模平均增长 50.2%(刘伟等,1998),全国城市用地面积和建成区面积分别增长 42.5% 和 90.2%,建成区平均每年扩大 1 015 km^2(摆万奇,2005)。随着我国城市化进程的不断加快,城市化水平持续快速地提高,在 1990—2004 年间,我国城镇建设用地由 1.3 万 km^2 扩大到近 3.4 万 km^2,城镇用地规模弹性系数(城镇用地增长率/城镇人口增长率)从 1986—1991 年的 2.13 增加到 2.28,已大大高于 1.12 的合理水平(牛星,2008)。

根据我国统计局公布的资料,预计到 2020 年我国的城市化率将达到 60%,依据 S 形曲线所示,我国的城市化水平进入了加速发展的中期阶段,也是城市人口迅速增加的阶段。随着城市化的快速发展,相继产生的人口、资源和环境等一系列问题都与土地资源的利用息息相关。废弃地是人类在利用土地资源的过程中由于不合理的利用方式形成的,由此可见,城市化的快速发展过程中,人类不合理的土地利用方式滋生了废弃地,其主要表现在两方面,一方面在城市化逐渐加快的进程中,由于城市人口的高度集聚和经济的快速发展,城市用地的需求量相应地迅速增大,导致城市用地规模的不断扩大,然而调查结果显示我国各级城市用地过程中不同程度的存在城市规模无序无度扩张与城市土地闲置废弃以及粗放低效利用并存的现象(袁丽丽,2005)。另一方面,城市化的本质就是乡村的城市化和农业人口的城市化,因此当城市化水平处于第二阶段的加速发展时期时,也就意味着乡村城市化和农业人口的城市化处于了一个加速发展的过程,在此过程中,大量的农业人口流向城市,比如我国的"民工潮",大量农村剩余劳动力进城务工或迁移至城市,促进了农村居民点闲置废弃的产生,甚至有些地方出现了耕地撂荒的现象。另外,我国在城市化的持续推进过程中,虽然农村人口非农化转移的规模和速度明显加快,但在社会保障不健全及集体财产产权不明晰的情形下,农民不可能彻底离开哪怕是荒芜的土地和闲置的农村宅基地,因而形成了兼业经营,而这一社会主体的行为促进了空心村的形成(龙花楼,2009)。

3.2 废弃地形成的驱动因素分析

如前文所述,废弃地是人类在利用土地资源的过程中,由于一些不合理行为及利用方式而形成的。可见人类对土地利用的合理与否直接影响着废弃地的形成,然而土地利用不是一成不变的,它是一个动态的过程,土地的用途、土地资源的分配、土地利用的程度和效益等都随着社会经济条件和自然条件的变化而不断变化。这些条件因素的变化和人类活动的影响对一些地区的土地利用产生了不良的后果,导致形态各异的不同特征的废弃地形成,从事物发展的因果关系角度看,这些特征都有其深层次原因,通常导致废弃地形成的各种动力因素被称为废弃地形成的驱动因素。由于废弃地的形成与土地利用紧密相关,因此土地利用的影响因素对废弃地的形成有着直接的影响。从系统论的角度看,土地利用是一个典型的自然—经济—社会的复合系统,因此,我们从影响土地利用的自然、社会以及经济等几个基本因素出发,以土地利用的主体和实施者即人类的各种活动为依据来综合分析废弃地形成的驱动要素。在当前经济社会的转型期,国家及区域层面的经济、社会等方面的巨大变迁深刻影响着土地利用的格局,而且随着人类活动广度和深度的不断扩大与加深,影响土地利用的因素变得多种多样,各因素的作用方式及影响程度各不相同(涂小松,2009),进而形成不同特征的废弃地。因此对废弃地形成驱动因素的深入分析,有利于透过现象揭示废弃地形成的深层次原因,从而为合理利用土地,防治废弃地的形成,以及促进人地关系良性互动提供参考。

3.2.1 自然条件因素

土地的自然属性是土地利用的关键因素,可以说土地的自然属性决定了土地的利用方式。而废弃地是人们在土地利用过程中产生的一种特殊的土地形态,因此自然条件是废弃地产生和形成的重要条件。

土地作为人类赖以生存和发展的最基本载体,其基本特性之一就是自然属性即土地本身所固有的内在属性。影响土地利用的自然条件是指土地的自身状况和外部环境状况,包括土地的位置、地貌、水文、气候、土壤、植被、矿藏以及自然景观等。土地的自然条件,对土地的可用性以及土地的适合用途起着决定性的作用。土地的自然属性是土地利用的基础,由于土地的自然属性几乎是永久性的,尤其是土地位置的固定性,因此人们只能在固定的地块上进行生产和生活的一切活动,且这些生产和生活活动受土地的自然属性以及其他外部条件的制约(欧名豪,2002)。比如具有矿藏资源的土地,其利用方式通常是挖掘开采,不论是露天的开采还是地下开采,这种土地利用方式导致的最终结果是地表自然地貌形态的破坏,待该区域的矿藏资源枯竭之后,该地表遗留下来的仅仅是塌陷的土地、露天采煤矿坑以及堆积的矸石山、排土场、废置的采矿基础配套设施等等,甚至对周围的土地引起污染,不能投入正常的利用之中,进而演变为废弃地。可见土地的自然条件直接决定着土地的利用方式,而利用方式直接影响着废弃地的形成与否。

自然条件因素在大环境背景下长时间尺度上影响着废弃地的发生发展,尤其是对于退化土地。就我国北方而言,地表为疏松的沙质沉积物,干旱季节与多风季节具有同步性;在南方则表现为降雨多而集中,地表组成物质松散,这些都成为土地退化的潜在因子(程水英等,2004)。然而,自然条件虽然影响着废弃地的形成与发展,但不是废弃地形成的根本动力和决定因素,它只为废弃地的形成与演化提供了外在条件。

3.2.2 社会因素

社会因素主要是指政策、法律以及技术因素等。

① 法律、政策因素。人类对于土地资源的利用是在一定的社会背景条件下进行的。人们制定土地政策、法律的目的在于促进和改善土地利用方式,使其既最大限度地满足土地利用者的目的,又最大限度地满足社会持续发展的目的。随着社会的进步发展,我国各级政府积极地制定出台各种类型的用于不同目的影响土地利用的法律、政策,这些法律、政策在当时或产生积极影响,却也在后面产生不良后果。比如在1949以后,政府实行对新开荒地免征三年农业税的政策,鼓励农民开荒种地,其结果是虽然增加了耕地面积,发展了种植业,但由于人们过度无限制的开垦,甚至陡坡开荒、围垦沼泽湿地等,产生了土地退化的现象。又如在改革开放之初,我国为了吸引外商投资,一度对外资企业或中外合资的企业给予优惠,以低地价甚至零地价为其提供用地,在吸收外资、带动经济快速发展的同时,也出现了

大量的占而不用、多占少用的圈地现象，造成了土地资源的浪费。近几年来，在新农村建设的过程中，一些农村像苏南地区积极盘活农村宅基地，引导农民向农村住宅社区集中，然而，在集中搬迁的过程中，由于没有强有力的搬迁安置政策，使得农户搬迁不统一，尤其是其中的钉子户，阻碍了已搬迁宅基地的及时整理，造成已搬迁宅基地的闲置。

② 技术因素。技术发展水平和应用程度直接影响着土地利用的深度和广度，对土地利用的方式有着直接的冲击。例如在农业生产领域，Johnson(1992)研究瑞典的土地利用变化时，证明技术的发展（包括排水设备技术、育种技术、肥料及生物科技等）直接影响农业土地利用的产量及土地利用方式，人类落后的生产耕作技术使得土地处于掠夺性的利用状态，加速了土地的退化，进而促进了废弃地的形成。在工业生产领域，尤其是我国的采矿业，其整体生产技术水平较低，技术水平的更新速度缓慢，新中国成立初期建立的老矿区，由于生产设备以及工艺技术水平的限制，采矿活动主要针对易开采的高品位矿，品位较低且开采难度较大的矿层被迫放弃开采，一些个体经营的小型采矿厂，为了追求利润的最大化，降低成本，采用低级的开采技术，开采深度浅，资源的回采率较低，不仅造成了矿产资源的严重浪费，同时对地表土地以及周围环境造成了严重的破坏，加速了矿业产业废弃地的形成。可见，社会因素对于废弃地的形成起着重要的影响作用，是促使废弃地形成的重要驱动因素。

3.2.3 经济因素

从经济发展的角度来看，一般土地资源都向那些收益最高的用途转移，比如城市郊区的农地转化为建设用地等。因此土地资源的经济属性决定了再利用和开发土地资源的过程中按照经济规律来利用土地。经济因素通常包括经济发展水平、产业结构等。

经济发展水平。经济发展水平通常是指按人口平均的国民生产总值或国民收入的多少。经济发展水平推动着整个社会，甚至人类的进步。土地是经济活动中一种供给有限但用途无限的特殊资源，是社会经济活动的空间和载体，经济发展水平决定着土地利用的可能性、广度与深度。自20世纪80年代我国开展农村经济体制改革以来，我国的城市化水平得到了快速的发展，这促进了我国农村非农化的快速发展，尤其是城市郊区的区域，农村非农化的发展程度更为迅速，使得耕地的数量不断减少(见图3.3)。1983—1995年和1996—2006年,随着我国经济的直线快速上升,耕地面积逐渐减少,从1995—1996年耕地面积增加的原因是数据统计来源的差异。在农地非农化的过程中,由于土地的粗放利用,使得大量的土地处于闲置、低效利用的状态,造成土地资源的浪费,促使废弃地的形成。同时随着我国经济水平的迅速提高,农民的收入有了大幅度地提高,人们对于生活的各种需求也相应地提高,由于对于居住条件改善的需求取决于居民收入水平的高低,因而条件好的农户为了拥有更为舒适宽敞的住宅条件,将大部分的积蓄投入建房,使得对于农业生产的投入明显的不足,尤其是随着城市化的不断发展,农业人口大量地流入城市,甚至许多农民弃农经商,使得农业投入劳动力数量和质量下降,进而促使农村局部地区出现了土地的撂荒现象(朱会义等,2001),促进了废弃地的形成。

产业结构。产业结构是各类产业的构成及其关系结构。以往的研究表明,产业结构通常表现出由低级到高级、由简单到复杂的不断优化升级的一个演化过程。随着经济的发展,产业结构表现出三次产业间的结构优化和各产业内部的结构优化(见图3.4)。我国自改革开放以来,第一产业占GDP的比重在逐渐降低,尤其是

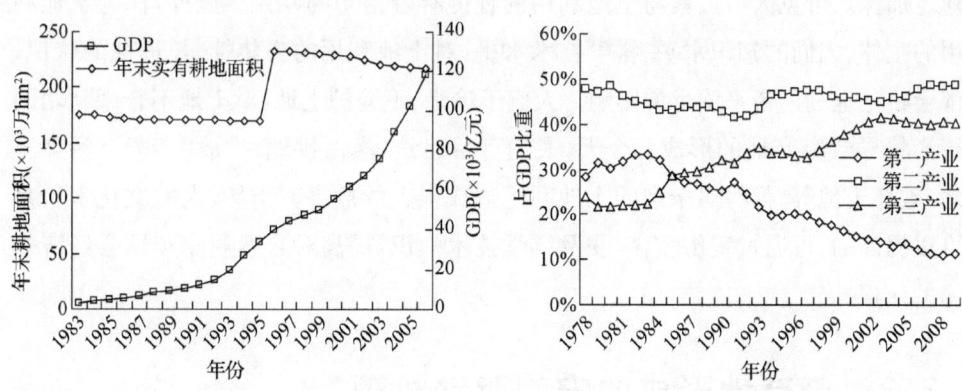

图3.3 1983—2006年我国GDP与耕地增长关系　　图3.4 1978—2008年我国产业结构调整

注:数据来源于中国统计年鉴(1995年之前的耕地数据为国家国土局数据,1996年后为国土资源公报)。

随着城市化和工业化的快速发展,以及全球化的不断推动发展,农业对国家经济发展的推动作用日益弱化,而第二产业占GDP的比重总体上稍有增加,第三产业占GDP的比重迅速上升。随着经济的发展和科技的进步,第二产业呈现出从劳动密集型产业逐步向技术密集型产业转化的演替规律,从传统的制造业以及重工业逐步地向高科技型产业的优化升级,因此分布于城区内部的传统制造业及重工业被

迫向郊区发展,在 20 世纪 80 年代我国甚至积极兴建工业产业园,用于各类劳动密集型的产业向城市边缘区集中,甚至为了吸引国外资本,全国大部分城市兴建了经济技术开发区,通过使用外来资本带动本地经济的发展,相应地工业企业区位的转移引起了农村农地的非农化。工业结构优化升级致使城区的传统工业企业衰退关闭或者迁移,进而形成原厂区的闲置废弃;在农地非农化的过程中,由于对土地的粗放利用,导致多占少用、征而不用等现象,进而使其演化为废弃土地,对土地资源造成严重浪费。城市边缘区的外推,还进一步改变了临近地区的土地利用方式,导致农业生产结构的调整。此外,在甘肃等生态脆弱区域,其经济产业结构的变化对土地荒漠化具有较强的驱动作用(孙丹峰,2005)。可见经济发展水平以及经济产业结构等经济因素推动了废弃地的形成。

3.2.4 人口文化因素

人口作为土地利用的主体,人口数量以及结构的变化对土地利用有着直接的影响。当人口增加时,人类对土地的需求量相应地增加,对土地的开发利用程度也随之加深。可见人口因素与土地利用的程度有着密切的联系。此外,作为土地利用的主体,人们的知识水平、科学技术水平,对土地利用的整体性、长远性的认识,都会给土地利用带来深远的影响。人们不珍惜、不爱护土地,对土地不合理利用的行为将导致废弃地的形成。今天,人们盲目建筑,滥占耕地,排放"三废",污染土地,破坏土地等,都将对未来的土地利用造成很大的危害。当然,人的文化素质是可以提高的,可通过宣传教育,普及科学技术知识,提高对自然规律和社会经济规律的认识。

3.3 废弃地形成的宏观驱动机理

根据对宏观背景环境和驱动因素的分析,可知废弃地的形成是多方面因素的相互作用、相互影响。它不仅受新型驱动要素即宏观背景的影响,同时也受到传统驱动要素的影响,即自然条件、社会、经济及文化因素。

3.3.1 宏观背景环境的作用机理

当今社会发展的宏观背景环境即经济全球化和城市化,推进了人类利用土地的广度、深度,推动着土地利用的快速变化。废弃地是在人类利用土地的过程中产生的,因此经济全球化和城市化的快速发展,增加了废弃地形成的机会。也就是说,在经济全球化和城市化发展的推动下,对于土地,尤其是城市用地的需求急剧增加,促进了土地利用结构的转换,主要体现在农地向非农地的转化,产业结构的调整;同时农业人口非农化现象也在日益加重,面对这样的背景环境,土地利用主体的行为显得尤为重要。从系统论和可持续发展的角度分析,当土地利用的主体行为趋于合理时,则土地利用系统朝着健康有序且可持续的方向发展,以达到经济效益、社会效益和生态效益的统一协调发展。反之,当土地利用的主体行为不合理时,则破坏了"三效益"的统一发展状态,使得土地利用系统向紊乱无序的不可持续方向发展,甚至演化为废弃地。由此可见,社会发展的宏观背景促进了废弃地的形成,为废弃地的形成提供了必要条件,但它不是废弃地形成的主要的决定性的驱动因素。

3.3.2 自然条件因素的基础作用机理

土地本身就是由气候、地形、岩石、植被、水文、土壤、矿藏等自然要素组成的自然综合体,自然条件因素是影响土地使用方式的最直接的结构因子,不同的自然条件因素直接限制了某种土地利用类型的发生(Potter,1990)。当某种自然条件因素约束限制土地利用的使用时,该自然条件要素往往增加了废弃地形成的可能性。像地质因素,从地质资源的角度来讲,由于能源以及矿产资源的开采方式不同而形成不同的土地利用开发行为,对周围的土地利用形成约束作用,正是这种约束作用促使了废弃地的形成,比如矿产资源的地下开采方式导致地表破坏塌陷,对周围交通、电线、道路等基础设施和房屋等建筑物造成破坏,使之不能投入正常的使用,进而演化为塌陷废弃地;从地质环境的角度来讲,地质环境中比较脆弱的区域,像地震活跃区、断层带以及滑坡灾害区等,对土地利用产生约束机制,增加了废弃地形成的可能性。同理,不同的地形、土壤、水文等自然条件因素也不同程度地约束着土地的利用,影响着土地利用的方式和类型,当违背自然生态规律不合理利用时,将会产生严重的后果,像沙漠化、水土流失、耕地退化、自然灾害频繁等现象,最终导致废弃地的形成。可见自然条件因素是废弃地形成的基础内部因素。

3.3.3 人文要素的作用机理

以人类活动为主要特征的人文驱动要素对土地利用有着极大的推动作用。在人地系统中,土地是人类赖以生存和发展的最基本的物质载体和空间基础,而人类是一切土地利用活动的主体,在人地关系中居于主导地位,且由于人类具有能动功能与机制,可以对其生存的地理环境进行认识、利用、改造和保护等人为活动,因此人地关系的协调或矛盾最终由人类自身来决定。对于人地关系的核心问题即土地利用,人类的行为与其利用的合理与否有着直接的影响。若人类根据土地的地理环境以及自身的自然特性,因地制宜地合理利用土地,土地利用活动将促进社会经济的发展,使土地利用系统处于协调平衡的发展状态,有利于土地资源的可持续发展;反之,人类对土地利用的不合理行为将引起土地资源的粗放利用、土地的退化、土壤的污染破坏等现象,限制和阻碍了土地的可持续利用,促进废弃地的形成。可见人类活动对土地资源的利用有着双面的作用,具有人类活动特征的一系列人文要素对于废弃地的形成起着推动作用。

根据上述分析可知,废弃地的形成受背景环境、自然条件要素以及人文要素等驱动因素的共同影响,宏观的背景环境为废弃地的形成提供了外在的条件,自然条件要素是废弃地形成的基础内部驱动因素,人文要素是其形成的外部驱动因素,也即是废弃地形成的外因,而外因通过内因起作用。这几类驱动因素之间相互作用、相互影响,可以说,废弃地是在宏观背景环境的驱动下,在内因和外因的共同驱动作用下形成的,如图3.5所示。

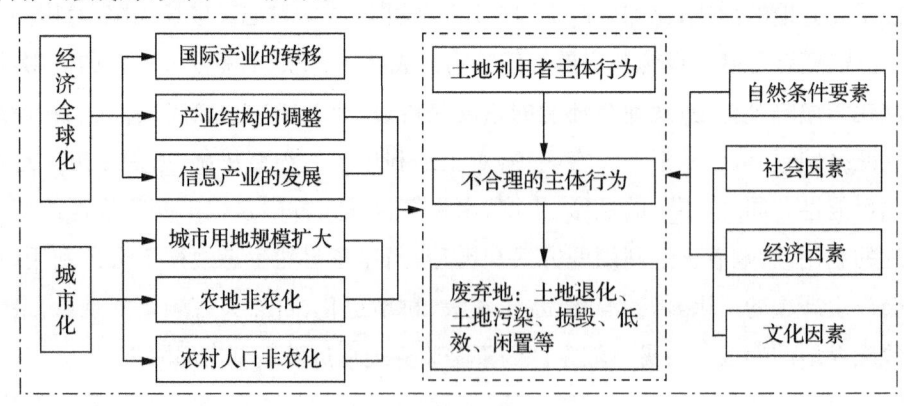

图 3.5 废弃地形成的驱动机理

3.4 废弃地形成的驱动力分析

在废弃地的演化形成过程中人类行为是最主要的推动力,相比较自然因子的驱动作用而言,人文经济等因子的驱动作用更为强烈,因此,本研究中在对驱动因素定量分析的基础上,通过数理统计分析对废弃地形成演变的人文驱动力做定量的分析和探讨。根据前文所述,影响废弃地形成的人文因素是多样化的,其中有与废弃地的形成演化直接相关的,也有与废弃地的形成演化间接相关的,然而在我们的研究中,由于工作量的关系,不能对每个驱动因素都进行分析研究,因此,在本节对于废弃地形成演化的驱动力分析中主要是把相关性很强的主要因素筛选出来,进而对废弃地形成的驱动机制进行具体的分析和讨论,在本书中主要选用主成分分析方法通过定量分析的手段来对废弃地形成的主要驱动因素进行研究。应用该方法对废弃地形成的驱动因素进行分析时,可以得到贡献率较大的主成分,每个主成分都代表着对废弃地形成影响最大的驱动因素,相应地,贡献率最高的主成分对于驱动废弃地形成的作用最强。可见这种方法对众多的驱动因素进行了作用强弱的筛选,以便于更有针对性地对废弃地进行防治研究。

3.5 本章小结

基于当前土地资源供需矛盾日趋紧张形式下的废弃地数量不断上升的现象,本章从废弃地形成的宏观环境背景入手,即经济全球化和城市化快速发展的环境下,对废弃地形成的宏观背景进行分析。首先在宏观背景环境即新型驱动要素分析的基础之上,对于废弃地形成的驱动因素进行了分析,进而推理出废弃地形成的宏观作用机理,并对废弃地形成的宏观驱动力进行量化分析。其主要结论如下:

(1) 废弃地形成的宏观背景

当前废弃地形成的宏观背景主要表现在两个方面:一是随着经济全球化的发展,其主要表现在国际产业的转移、产业结构的调整和信息产业的发展。分析表明,随着国际产业的转移,传统产业结构进行了由城内向城外的迁移,加速了传统产业基地的结构性衰落,进而产生大量的废弃建筑物及厂区;而在产业结构不断优化升级的过程中,大量的第二产业向郊区转移,导致大量旧工业厂区短期或长期的闲置废弃,尤其是随着"退二进三"的实施,这种倒闭或搬迁后厂区闲置废弃的现象更为严重;信息业发展推动加速了旧的运输工业交通设施以及传统产业用地的闲置废弃。另一方面是城市化的发展加速了城市规模无序无度地扩张,进而增加了闲置地的增加,此外,城市化的发展加速了"民工潮",即农村人口向城市的流动,从而增加了闲置农村居民点以及撂荒地的产生。

(2)宏观驱动机理的分析

本书从经济、社会、自然以及文化等四个方面对废弃地驱动要素进行了分析。其中对社会因素从政策、法律以及技术几个方面进行分析,分析指出政策因素如新农村建设等和技术因素将加速废弃地的形成;对经济因素从经济发展水平和产业结构方面进行了分析,结果表明经济发展水平和产业结构直接影响着废弃地的形成与否,是废弃地形成的直接驱动因素。在此基础之上,进行了宏观驱动机理的分析,结果显示宏观背景环境为废弃地的形成提供了外在条件,自然条件是废弃地形成的基础内部因素,而人文因素是废弃地形成的推动作用。由于人文因子是废弃地形成的最主要的推动力,因此在驱动机理分析的基础上,以主成分分析方法对废弃地形成的人文因子进行驱动力的分析。

4 废弃地形成的微观机理

随着人类的出现,人类社会发展与地理环境变化两者之间的关系也相继而生,即所谓的人地关系(金其铭,1993;W G Ernst.,2000)。人地关系中人居于主导地位,是地的主人,从人类种植与定居始,就开始了对土地的利用活动。随着社会经济的发展和科技水平的不断提高,人类对于土地利用的活动日渐频繁,也增加了土地利用的广度、深度。我国在改革开放的带动和促进下逐渐进入了转型期,促使了城市化的快速发展、产业结构与布局的调整变迁以及政策、技术等人文因素的复杂变化,深刻地影响着区域土地利用/覆被变化,引发了一系列的土地利用问题(闫小培等,2006)。在经济发达地区,土地利用问题已逐渐凸显出来。比如在我国社会经济快速发展的长三角区域,近年来耕地数量不断减少,质量不断降低;建设用地在全面快速扩张的同时,部分地区却存在着粗放、低效利用土地的现象(彭补拙等,2004;Pu L J et al.,2001)。自20世纪80年代以来,人口高度密集和土地高度集约的大都市上海,城市的大规模扩张使得大量的农地非农化,导致耕地的数量大幅地减少,与此同时在城乡结合部却出现了大量的弃耕废弃地,造成了土地资源的浪费,加剧了人地矛盾(李晓文等,2006)。可见,土地利用的主要驱动因子是人为因素,而废弃地是人类在土地利用的过程中由于不合理的土地利用方式所致,所以人类的行为是废弃地形成的关键。人类在土地利用中的不同行为方式表现出不同的土地空间形态,比如对城市的粗放利用导致土地的闲置废弃;对矿产资源的过度不合理的开采导致地表形态破坏;对于土地的过度利用尤其是在生态脆弱区易于引起土地的退化,最终演变为废弃地。可见废弃地形成的本质和规律就是不同主体的行为及其交互在空间形态上的反映。因此从本章从微观主体的角度入手,通过分析微观主体的行为以及主体间行为的交互作用来进行废弃地形成机理的研究。

4.1 废弃地形成的多主体模型构成

为了分析不同的土地利用主体以及主体间交互行为对废弃地形成的作用过程,本书构建废弃地形成的多主体概念模型(Multi-agent System for Wasteland Formation,MAS/WF),以探求废弃地形成的微观机理。该模型主要应用于分析为了寻求共同的或不同的目标,自主的智能主体之间智能行为的协作、竞争等相互作用(彭翀,2006)。在人地关系地域系统中,"人"是积极的、主动的要素,使用土地的"人"的行为选择对于人地关系具有深刻的甚至决定性的影响。因此多主体模型为我们研究由人类活动引起的土地利用变化这一环境社会复杂系统提供了理论和方法。

4.1.1 多主体模型的概述

多主体模型于20世纪70年代起源于人工智能领域,直到90年代中期才在各个领域获得了广泛的认知,全球对于该模型研究的关注程度也与日俱增。然而,不同的研究领域对于多主体模型(MAS)以及主体(Agent)的定义有着不同的理解。在计算机科学领域,认为MAS是一种通过多个主体的行为来处理某个问题的网络实体(Durfee,1989)。其他领域的学者在此基础上,将该模型的内涵和外延上扩展。比如Ferrand(1996)认为MAS是在一定环境中相互作用并作用和改变所处环境的多个主体的集合。多主体模型可以再现社会科学和自然科学中的一些科学问题,目前该模型中最关键的问题是解决系统中主体的相互作用。

在有关MAS的文献研究中,对于主体目前尚没有一个为大家一致认可的概念,然而,学者们一致认为主体概念的核心在于自主性。Weiss(1999)认为主体是存在于某些环境中,为了完成自身的目标自动作用于这些环境的系统。Franklin and Graesser(1997)认为主体是环境的一个组成部分,通过感知和影响环境以完成自身的目标。除此之外,通常主体还被描述为在某个特定领域里的有用实体,如智能主体、运动主体、自治主体、信息主体等。因而我们可将主体理解为更接近于现实世界的一种新的模型实体(彭翀,2005),而废弃地形成中的主体可以理解为为了获取自身的某种目的而作用于土地的自主实体。参照Franklin and Graesser(1997)对主体的研究,对主体的主要特征可列举见表4.1。

表 4.1 主体的特征

特 征	含 义
反应性	主体能够感知所处环境并实时地对环境变化产生反应
自主性	主体能对自身的行为和内部的状态直接进行控制
面向目标性	行为不仅仅是对环境变化的反应,还具有其他的目的性
时间连续性	主体的运动方式随着时间的推移处于不断改变的过程
交流性	能与其他主体(包括人)进行交流
学习性/适应性	在先前经验的基础上改变其后续行为
移动性	可以在环境中自由迁移
灵活性	行为可能改变某些既定计划
特性	区别于其他个体的个性和情感状态

资料来源:根据 Franklin and Graesser(1997),有改动。

多主体系统(多主体模型)是由多个主体组成的集合,主体能够通过与其他主体间的交互,来促进系统整体地演进和进化,同时凸现其宏观的规律。这种以"自下而上"的形式构建设计架构出的系统被称为多主体系统。在一个多主体系统中,既有能够活动的主体,代表现实中的经济行为主体或社会行为主体;也有不能活动的主体,代表环境或资源(李刚等,2007)。通常多主体系统由以下几部分构成:① 环境:通常指生存或活动的空间;② 对象:是指位于环境之中且不对环境产生行为反应的被动实体的集合,如位于环境中的土地、建筑物等;③ 主体的集合:是指在系统中反应行为实体的集合;④ 行为:指主体在系统范围内连接对象或者主体间的活动;⑤ 交流:指主体间的所有相互作用(Julia,2009)。其中行为是最重要的因素,也最易于变化,通常是在主体间的相互作用或交流的过程中形成,此外主体对对象或者环境的作用过程也可能产生行为。然而,主体的行为与其他主体的行为之间往往相互制约、相互影响,且主体通过对环境以及对象的认知、生产、改变、利用等行为来影响其他主体。主体间的行为相互直接作用时就产生了主体间的交流,交流在系统的不同应用中表现的形式有所差别。

多主体模型最初应用在经济领域,随后在其他学科领域迅速传播开来,并广泛地应用于复杂系统的分析研究之中(Gilbert and Troitzsch,1999;Janssen,2002;Parker et al.,2003)。多主体模型在土地利用变化研究中的应用引起了广大学者的广泛关注,它从微观水平分析了土地利用变化的情况,且该模型将人类行为对土地利用的影响以及土地利用主体的决策行为与社会群体及环境之间的相互作用等原因作为重点来考虑,而这一点恰恰在以往土地利用的研究模型中被忽视(Steven M)。近年来,多主体模型在土地利用变化领域的应用研究越来越多。当前土地利用变化的多主体模型(Multi-agent Systems for Land Use/Cover Change,MAS/LUCC)通过分析主体行为(MAS)与土地利用的关系来构建用地变化和扩展的模型,正好弥补了传统方法的缺陷(Arend L,et al.,2002;Batty M.,2005)。MAS/LUCC模型已经在土地利用和土地覆被变化的许多领域进行了成功地应用,比如自然资源管理、农业经济、考古学、城市模拟等领域(Dawn C,Parker et al.,2002)。纵观这些研究,都是微观层面有关人类行为与土地利用变化的研究。对于废弃地而言,主要是在人类利用土地的过程中产生的,可见废弃地的形成与人类的行为有着紧密地联系。因此,从理论上讲,应用多主体模型到废弃地形成的分析研究也是非常适宜的。

4.1.2 废弃地形成的 MAS/WF 模型的构成

本书以多主体模型的理论为基础,对废弃地的形成建立多主体模型,即废弃地形成的多主体模型。该模型由多主体的行为(MAS)和废弃地的形成(WF)两部分构成。在构建模型时重点考虑两个方面:一是人的行为之间的交互作用;二是人的行为和废弃地的形成之间的关系,模型框架如图4.1所示。根据刘小平(2007)、张金牡(2004)等对于土地利用变化的多主体模型的研究,结合张庭伟(2001)以及彭翀(2008)对城市空间演化驱动力以及主体行为的研究,可将废弃地形成的主体界定为政府性主体、社会性主体和市场性主体。

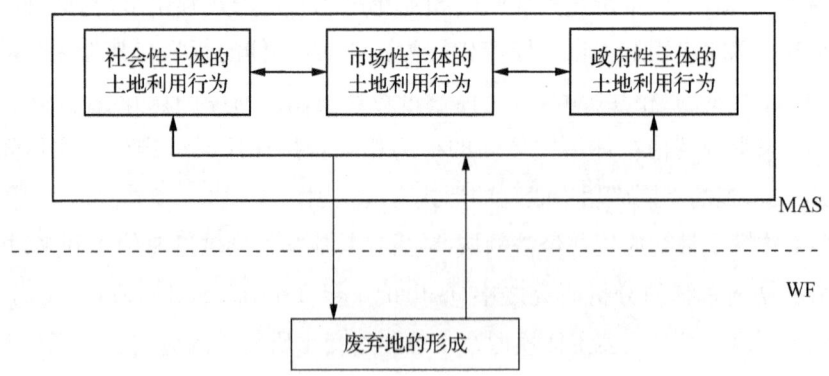

图 4.1 废弃地形成的 MAS/WF 模型框架

废弃地形成的多主体模型的构建程序为:第一,界定三类行为主体,梳理主体的特征及其所含的具体对象;第二,对主体的行为进行模型的构建;第三,针对主体间的关联和交互作用进行模型的建立,探析主体行为间的相互促进和制约关系;第四,生成废弃地形成的多主体概念模型,分析微观主体的行为对于废弃地形成的作用机理。

4.2 主体的界定

根据上述分析,本书选择在废弃地形成中发挥主要作用的主体有三类,即社会性主体、市场性主体和政府性主体。其中社会性主体主要指农户(由于城市居民用地相对而言集约度较高,引起废弃地的概率较小,在本模型中可忽略);市场性主体主要指企业,包括资源依赖型企业、空间场所依赖型企业和服务导向型企业;而政府性主体是指构成我国行政体制的中央政府、省级政府、市级政府、县以及乡(镇)级政府等国家行政机构。各主体的详细特征以及所包含的对象见表4.2。

表 4.2 废弃地形成的主体描述

主体类型	主体名称	主题数量	主体特征
社会性主体	农户	多个,无限	空间性、社会性、经济性、心理属性
市场性主体	资源依赖型企业	多个,无限	空间性、经济性、逐利性
	空间场所依赖型企业	多个,无限	
	服务导向型企业	多个,无限	
政府性主体	中央政府	唯一	福利性、经济性、权威性
	地方政府	多个,有限	

资料来源:根据彭翀(2008),有改动。

4.2.1 社会性主体

社会性主体主要指农民家庭即农户,土地作为农民最基本的生产资料,对土地进行着直接开发与利用,因此农户作用于土地开发与利用的行为将是导致废弃地产生的直接因素。因此在本书的研究中,选择农户作为社会性的主体。农户是由属性特征各异、数量不限的多个离散个体组成。可表示为:

$$FH = \{fh_1, fh_2, fh_3, \cdots\} \quad (4.1)$$

其中,FH指选择的所有农户fh的集合,农户的社会、经济以及心理属性的具体描述如表 4.3 所示。

表 4.3 农户家庭属性

类 别	属 性	
社会属性	农户家庭结构	农户人口规模(N_h)
		农户年龄结构(N_a)
		农户劳动力数(N_l)
	农户从业情况	农业(O_a)
		非农(O_n)
经济属性	农户收入(I)	
心理属性	农户对土地利用及宅基地属性的偏好(P)	

因此我们可将一个农户家庭 FH_i 表示为：

$$FH_i = (N_{hi}, N_{ai}, N_{li}, O_{ai}, O_{ni}, I_i, P_i) \quad \forall i \in \{1, 2, \cdots\} \quad (4.2)$$

不同家庭的属性值有差异，对属性值实行分类表示，如农户心理属性对土地利用可分为：粮食作物为主的种植倾向、经济作物为主的种植倾向。

4.2.2 市场性主体

市场性主体在本书中主要指企业。近年来随着我国社会经济的不断发展，各类用地间的比例发生了明显的变化，农业用地数量显著减少，与此同时建设用地迅速增加，尤其是在 20 世纪 80～90 年代，国家为了大力促进经济发展，积极推动工业发展。作为工业的主体企业对土地开发利用的方式以及程度直接决定着废弃地的形成与否。因此在本书的研究中市场性主体主要指企业。根据《国民经济行业分类》的标准和企业的空间属性，可将企业分为三类，即资源依赖型企业，以采矿业为代表；空间场所依赖型企业，以制造业为代表；服务导向型企业，代表行业有绝大部分的第三企业（不包括文教卫行业以及社会组织），甚至包括第二产业中的建筑业以及基础设施行业。我们将各企业主体表示为离散个体的集合 E，即

$$E = \{E_1, E_2, E_3\} \quad (4.3)$$

$$E_1 = \{e_{11}, e_{12}, e_{13}, \cdots\}, E_2 = \{e_{21}, e_{22}, e_{23}, \cdots\}, E_3 = \{e_{31}, e_{32}, e_{33}, \cdots\}$$

式中，E 指市场性主体即所有企业的集合，该集合包括 E_1、E_2、E_3 三类产业的企业，每类企业 E_i 中都是由无数多个企业所组成。

4.2.3 政府性主体

政府是一个国家中央和地方行政机关的总和。我国现行的市场经济是以政府为主导的经济,这种形式使我国的政府官员有着优越的特权地位。我国政府调节和推动着国家以及区域经济的发展,对各类用地进行宏观调控,推动了土地利用结构的转化,可见政府对于土地利用的各种行为活动直接影响着废弃地的形成。

本书研究的政府性主体是指从中央到地方的多级政府及其组成部门和单位。本模型针对废弃地的形成,构建了由两类主体组成的政府层级体系,即中央政府和多个地方政府(见图4.2)。因此我们可将政府主体成员表示为集合G:

$$G = \{G_n, G_c\} \tag{4.4}$$
$$G_c = \{g_{c1}, g_{c2}, g_{c3}, \cdots, g_{cn}\}$$

式中,G_n、G_c分别代表中央政府和地方政府,其中地方政府G_c由多个个体组成。

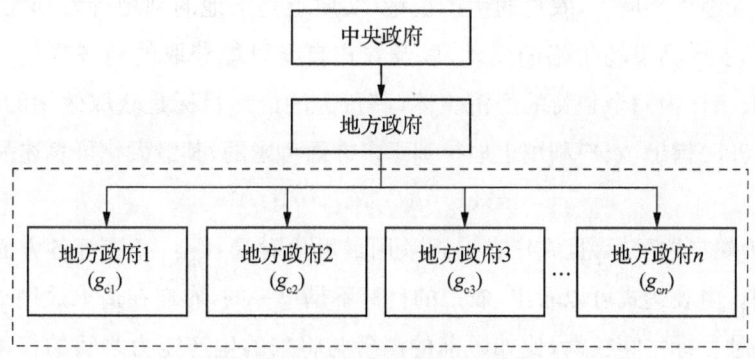

图 4.2 政府主体的构成

4.3 MAS/WF 模型主体行为的分析

根据上述对废弃地形成的主体的界定分析,结合我国土地利用的实际情况,本书在废弃地形成的多主体模型的主体行为分析中将对社会性主体、市场性主体以及政府性主体行为的分析简化为对农户、企业以及政府行为的分析。

4.3.1 农户行为

(1) 农户的生产行为

自从改革开放以来,特别是在 80 年代家庭联产承包责任制实施以来,在我国农户已成为广大农村投资、经营与生产等经济活动的主体,是土地利用和农业生产经营的基本决策单位。由于农户既是生产者,又是消费者和资源配置的决策者,因此农户行为在农业和农村经济发展中的地位日益突出,对于农户以及农户行为的相关研究也备受学者的关注。随着市场化进程的不断深入发展,作为农业生产的微观行为主体,农户的生产决策行为对土地利用的效果有着直接地影响,因此当农户的生产决策行为不符合土地合理利用和可持续发展的原则时,则会引起不合理的土地利用方式,进而导致土地的退化、粗放利用等类型废弃地的形成,造成土地资源的浪费。

在市场经济环境下,农户的生产决策(实质上是土地的利用行为)取决于农业生产资料、农产品市场价格的变动,以及农户自身可能获取的经济收益(谭淑豪,2001)。农户作为一个独特的经济主体,其行为的最终目标是获取效用的最大化。赵登辉(1998)指出,农户利用土地是基于多方面考虑的,其最大化可表述为:

$$\max U = u(G_1, G_2, \cdots, G_i) \tag{4.5}$$

式中,G 为农户的目标,且农户在追求效用最大化时受社会、经济等各方面因素的影响限制。由表达式可以看出,农户的目标不是单一的,农户在追求效用最大化时需要在各种目标之间权衡,比如眼前的消费与将来的生产能力之间的权衡。农户为了实现这些目标,根据自身的属性因素如土地(A)、劳动力(L)、资本(K)、知识(E)等来决定从事生产性或非生产性、农业或非农业的活动(W),可表达为:

$$W_i = w_j(A, L, K, E) \tag{4.6}$$

农户投入这些活动的实际行为组合即为土地利用类型,当行为与目标相关联时,则目标通过能反映这些行为对目标贡献的函数来决定土地利用,函数表达式为:

$$G_i = g_j(w_1, w_2, w_3, \cdots, w_j) \tag{4.7}$$

式中,g_j 表示农户为了完成目标所采取的各种行为活动的集合;W_i 是农户自身的要素构成的集合,可见农户的行为受农户自身要素的直接影响。

根据行为科学理论,农户行为是有计划的行为。推动人的行为的动力因素有三个方面,即行为者的需要、动机和目标。其中,行为者需要是动力源泉,动机是使行为产生的推动力量,目标则是行动所要达到的预期效果。行为者的需要产生行为动机,行为动机推动行为的发生,行为发生的方向指向行为目标,其过程是:需要—动机—行为—目标(见图4.3)。

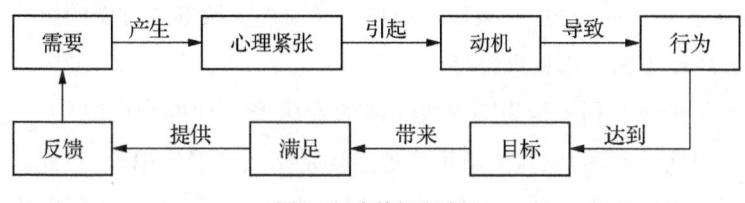

图 4.3 人的行为过程

在我国传统的农户是以农为生,也即农民是通过从事各种农业活动来维持其基本的生活。随着社会的进步、经济的发展,尤其是近年来城市化的快速发展,带动了农村的快速发展,种地务农已不是农民唯一的谋生之路。农户的生活来源逐渐地发展为多元化,大部分农户在农闲时都出去打工,甚至有些农户已放弃耕种完全以打工为主。在市场化进程不断深化的今天,农户对于土地利用的行为是根据其农业生产资料、农产品市场价的变动以及自身可能获取的经济收益为标准来进行决策判断。而农户决策的结果将直接影响着废弃地的形成与否。我们可将农户的从业方式对废弃地的影响分为三类:第一,在农业收益>农业投入成本的前提下,若农户从事非农业带来的收益大于农户的预期收益时,一般农户选择兼业的形式,包括农业兼业(同时从事农业和非农业,但农业劳力投入多于非农投入的兼业形式)和非农业兼业(投入非农业的劳力多于投入农业的兼业形式),若选择农业兼业则对于土地利用的投入以及影响不是很明显,而选择非农业兼业形式的农户,由于从事非农的收益大于农业的收益,因此农户更愿意把大部分的时间精力投入到非农业中以获取更多的收益,农业只为满足基本的生存需求,因此这种情况下易于引起农户对土地的季节性撂荒,降低了土地利用效率,形成了土地资源的浪费;第二,当农业收益>农业投入成本,若农户从事非农业的收益<农业带来的收益时,农户则选择以农业为主,对于从事纯农业的农户而言,当农户为了追求收益最大化,减少土地的投入,比如为了节省成本,减少了对灌溉水利等基础农业设施的投入,而不断加大对土地的利用时,则易于引起对土地的过度或不合理的利用,进而引发土地的退化;第三,当农业收益<农业投入成本时,农户更倾向于选择从事非

农活动,尤其是当非农业活动收益≥农户预期收益时,农户易于放弃土地,完全从事非农业活动,进而导致撂荒废弃地的形成。

可见,农户从业的决策行为直接影响着土地的利用方式,进而影响着废弃地形成的概率。然而,农户从业方式的选择行为不仅仅受农业与非农业收益的影响,也受到区域经济、市场化程度、政策以及农户自身属性要素等几方面的影响。

(2) 农户对居住用地利用的行为

农户对于土地的利用行为不仅仅是对农业生产土地的利用,另一个重要行为是对于建设用地的利用,农村的建设用地主要是指农户居住用地,因此本书仅分析农户对居住用地即宅基地的利用行为,而忽略对基础设施用地的行为。近年来随着农村经济的发展,农村出现了建房的热潮,农村居民点用地出现了较大幅度增加的现象(见图 4.4),1982—2006 年期间,农户人均新建房屋面积在总体上是趋于减小,而农户人均住房面积则一直在增长,在 2001 年之前年内新建住房的面积大于人均住房的面积,而在 2001 年之后,虽然农户年内新建房屋的面积小于人均住房的面积,但农户人均住房面积继续增长。与此同时,农村存在的一户多宅以及宅基地闲置现象日益突出(赵国玲等,2009),尤其是随着城市化进程的加快,广大农村地区的村庄中心宅基地闲置废弃的现象已相当严重(龙花楼等,2009)。根据程连生等(2001)的调查分析显示,一般每个聚落有 1.7 hm² 以上的空置和废墟面积,最大可达 3 hm² 以上。

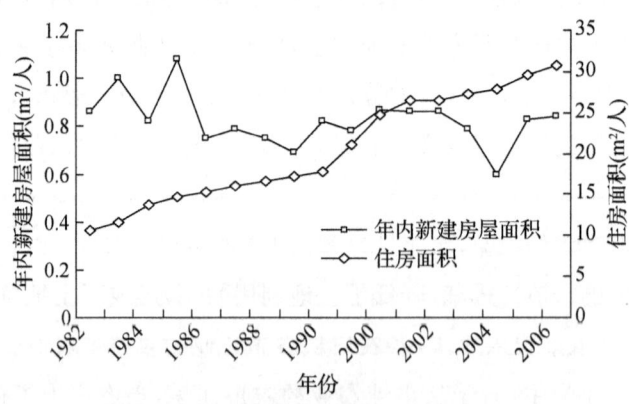

图 4.4 我国农户新建房屋和住房面积变化

农户作为居民点用地的利用主体,其建房决策行为对于居民点即宅基地废弃的形成与否有着直接的影响。近年来随着经济的不断发展,农户建房的意愿不断增强,建房的能力不断提高,加之低土地成本以及宅基地审批监督机制不完善,共同驱动促进了农户建房的不合理行为。

农户建房的意愿主要受人口变化、自然因素、建造水平以及农户观念等几方面的影响,主要表现在:第一,过去人们习惯上以大家庭而居,人们都以"四世同堂"作为家族兴旺的标志;现今农户家庭规模逐渐向小型化过渡,"四世同堂"的现象甚为少见,根据调查可知,目前农户的家庭规模普遍为3~5个人,此外,随着村庄人口的不断增加,使得农户对宅基地的刚性需求迅速增加;第二,由于早期绝大多数农村的住房为砖木结构或土木结构,其平均耐用年限为40年和25年,此外,早期宅基地的建造、设计水平较低,因此当旧宅的破损程度影响到住户的效用选择时农户倾向于建新房,而抛弃旧宅成为废弃地或改原有居住功能为非居住功能;第三,农户是宅基地用地的直接主体,因此农户的文化以及传统观念对于建房的决策以及宅基地的选址、建设等有着直接的影响。

农户自身的经济能力也是影响农户建房决策的重要因素。根据马斯洛需求层次理论,当人们满足了基本的生活要求之后,则开始追求更高一层的需求。当农户有能力承受建新房的成本时,则易于去追求更大、更舒适的居住条件。我国的体制改革、科技水平不断进步以及城市化快速发展,极大地带动了广大农村地区经济的发展,农民收入有了显著的提高,由图4.5可见,自从20世纪80年代初农村经济体制改革以来,农民的收入快速上升,因而农户建房的能力也不断提高,主要表现在:第一,家庭联产承包责任制的推广实行极大地提高了农户对于农业生产的积极性,加上我国之后出台的各项农业扶持补贴政策,全面推动了农业生产的发展,

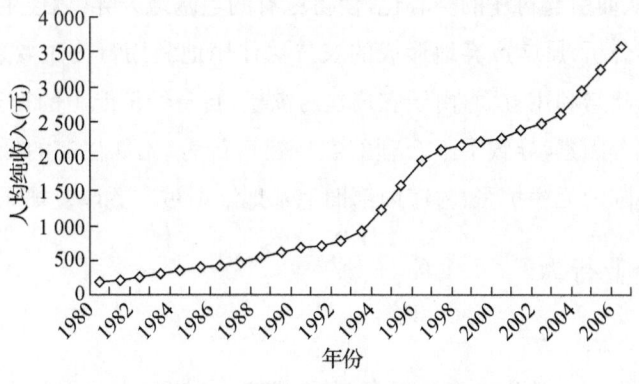

图4.5 1980—2006年农户人均纯收入

提高了农民的农业收入。第二,随着城市化的快速发展,极大地促进了农村剩余劳动力的非农就业,增加了农户的收入,甚至有些农民长期从事非农业,在城镇购房生活,导致宅基地的闲置废弃。

此外低土地成本也是影响农户建房决策的因素之一。根据消费理论,在宅基地(Z)和农户其他全部消费商品(T)的价格 P_Z、P_T 既定的情况之下,农户对其收入的支出有一条预算线,假定在此线上宅基地和其他全部商品的任何组合正好等于农户的全部货币收入 I,即 $P_Z Z + P_T T = I$,则在农户货币收入 I 一定的条件下,预算线的斜率随产品价格的变化而变化。由于我国的农地为集体所

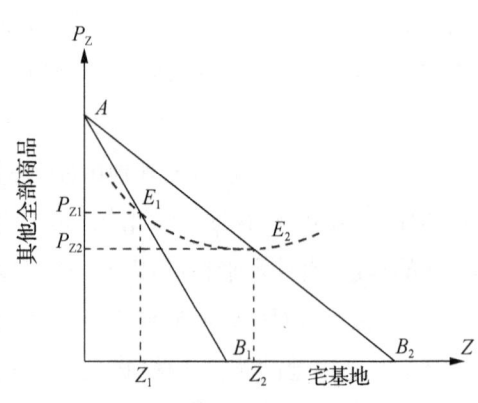

图 4.6　宅基地价格消费曲线

资料来源:程连生等(2001)

有,因此农户在取得宅基地时只需支付少量的土地使用费,而不是真正意义上的地价,从而降低了农户预算线的斜率,这就使得农户在消费与以往等量 T 的同时,能消费更多的宅基地。如图 4.6 所示,假设其他商品的消费量 T 和价格均保持不变,则当 Z 的价格为 P_{Z1}(地价)时,宅基地消费量为 OZ_1;当 Z 的价格下降到 P_{Z2}(土地使用费)时,预算线则从 AB_1 移到 AB_2,均衡点由 E_1 移至 E_2,而宅基地需求量从 OZ_1 增至 OZ_2。由此可见,由于农户取得宅基地时支付的低土地成本,促使农户获取较大的宅基地,且其他全部商品的消费开支不受到影响,驱动农户向村庄外围选择新址迁居,从而引起村庄的空心化,使得原有的宅基地废弃(程连生等,2001)。

根据上述分析,影响废弃地形成的农户居住用地利用行为主要表现在农户对于宅基地的修建与利用方面,由于农户建房欲望、自身经济能力的提升以及宅基地取得的低成本等因素,导致了不合理的农户建房行为,比如住宅的低效利用、新建房屋向村庄外围的无序扩张、村庄内部旧宅基地渐渐被空置以及坍塌废弃。

4.3.2　企业行为

(1) 企业占地行为

土地资源作为人类生产和生活的基本载体,也是企业的重要生产要素之一。新企业用地的需求量取决于土地的边际产出和价格,即企业根据边际均衡原则来

决策用地的数量。

从静态的角度来分析,企业生产经营的总目标是获取利润的最大化,因而企业在一定的经济条件和生产要素价格下,通过一定的技术支撑来选择最佳的生产要素组合,在生产要素达到最佳组合时,土地的边际生产率与地租之比等于资本的边际生产率与价格之比。生产要素相对价格的变化将影响着土地和其他生产要素的数量关系,即当土地价格升高时,企业的占地面积则减小,而其他要素的使用量则增加;反之,若土地的价格较低时,企业的占地面积将增加,这时企业将可能通过较低成本的土地来替代其他生产要素,以求得最低生产成本。比如企业尽力采用单层厂房,以减少运输成本;通过提供更好的生产环境(低密度的厂房建筑、大面积的绿地等)提高产出水平或降低经营成本。目前这种现象在我国随处可见,地方政府为了推动经济发展,吸引资金,常常以低地价甚至零地价来招商引资,导致企业大量占地。此外,工业土地利用强度普遍偏低,部分地区单位土地投资强度每亩只有几十万元,全国工业项目用地容积率只有 0.3～0.6,工业用地平均产出率远低于发达国家水平。可见企业的占地行为导致土地利用率低下,造成了土地的闲置浪费,这种现象在各地的经济开发区表现得尤为普遍。

从动态的角度分析,企业一般对土地资源的配置是从长期发展的动态需求出发来进行考虑。根据内部规模经济理论,为了降低生产成本,大部分企业都期望在一定的时间扩大经营规模。因此,对于在长期内规模经济比较明显或初建时受到资本可获性等因素影响的行业,企业在建立的初期可能会为未来的发展"储备"必要的用地,且企业规模经营的效益越大,获取土地的价格越低,企业预留的发展用地就越多(姜海,2006)。目前企业厂区存有大片预留地的现象已非常普遍,甚至有些企业预留地的面积远大于现建的面积。然而部分企业对于预留地往往以低密度开发,如低密度的建筑、大面积的绿地以及宽阔的道路;也有大部分企业获取用地后,一直将其闲置荒废,没有任何用途的利用,造成土地资源的严重浪费。如一家日本独资企业 2002 年在南昌高新区购买了 60.59 亩土地用于项目建设,但该公司建成并投产多年后,仍有 24.3 亩长期空置土地未能利用。

根据上述分析可知,企业获取土地的成本高低直接影响着企业占地的行为,当土地成本较低时,企业为了追求利润的最大化会占用超过自己现需的用地量以留为后用,甚至有些企业就是为了圈地而占取大量的土地,且土地价格越低,企业欲占有的土地就越多,导致大量的土地闲置废弃。

(2) 企业搬迁行为

企业的搬迁在宏观上表现为经济全球化影响下的产业结构调整,即"退二进三"的实施,使得大量的传统制造业向城市外围迁移;在微观上表现为企业在原处所生产成本升高或消费需求降低而带来的获利降低的促动(彭翀,2008)。企业的搬迁主要表现为以下两种形式:第一,资源依赖型企业的搬迁。这类企业对于资源的依赖性比较强,一般搬迁行为是从一个已经衰竭的资源区域搬迁至另一个资源丰富的区域。该类企业的最典型代表就是采矿业。当一个区域的资源采掘趋于衰竭时,该企业则在它处寻找新的资源,进而搬迁,该类企业搬迁后遗留的旧采矿区域主要是一些挖废的矿坑、塌陷地、堆积的尾矿、相应地矿产加工场所等,形成了大量的废弃地。据调查,到 2008 年底,我国境内先后有一批可耗竭资源型企业相继选择了资源较为丰富的区域,建立起新的煤炭、电力等发展基地,实施跨区转移项目 112 个(李存芳,2009)。第二,空间场所型企业的搬迁。这类企业的搬迁行为主要是城市内部空间的转移。在经济全球化和城市化的推动下,原来位于城市内部中心区域的该类企业(主要是传统的制造业)迁至城市外围的新城或城乡过渡地带。这类企业搬迁后遗留的旧厂区由于大型的生产基础设施难以加以再次利用而长期废弃,如搬迁后废弃的水泥厂。此外,也有一些企业由于当地的竞争激烈,企业经济运行情况不佳而迁往市场前景较好的城市,进而导致原厂区的闲置废弃。

(3) 企业的生产行为

企业的生产行为是由企业本身的生产类型而决定。不同类型的企业其生产方式不同,进而形成不同的生产行为。像化工、冶炼类的企业,由于自身的生产特点,废弃物的处理方式直接影响着废弃地的形成与否。若企业对废弃物的处置不当,则可能会将重金属等有害物质残留于土壤之中,不仅对人体造成伤害,同时也直接影响了土壤的质量,甚至使土地趋于退化,尤其是固体废弃物,若处置不当可能造成的危害更为直接。矿业企业的生产行为是导致废弃地产生的主要渊源,比如油气资源开采企业在勘探、开采和运输的过程中形成的固体废弃物及钻井废泥浆的堆置、原油的洒落以及废水的排放,都会对土壤形成严重的污染,使其失去利用价值,而逐渐废弃;金属与非金属类的矿业生产主要进行露天和地下的开采,进而形成露天挖废大坑、地下采矿的塌陷废弃、废石场、尾矿场以及采矿生产设施、选矿生产设施等废弃工业场地。尤其是对于一些小型的采矿企业,由于规模较小、技术有限,为了获取更多的利润,不考虑资源的合理开采利用,只在浅层开采,导致资源的回采率低,加速了矿业的衰退进程。可见企业不合理的生产行为将加大废弃地形成的概率。

4.3.3 政府行为

政府作为国家公共事务管理的一种层级组织,不同于一般的经济主体,它具有超越一般经济主体的强制权力(姜海,2006)。政府行为包括中央政府行为和地方政府行为两类。从中央政府和地方政府的行为关系来看,地方政府一方面代理中央政府实施对本区域经济发展的宏观管理和调控;另一方面是地方的利益主体,负担着地区经济组织和发展的职能,推动着区域的经济发展,可见地方政府具有双重身份,地方政府作为地方的经济主体,追求着效用的最大化。在计划经济体制下,中央政府高度集中控制产品的价格、物资的分配、投资决策以及金融、财政等各个行业领域,地方政府仅仅起着维护计划体制的作用,不是一个独立的经济主体,因此在地方经济发展管理方面几乎没有起到积极的推动作用。自从改革开放、市场经济体制确立、发展以来,中央对地方在财政上以及企业管理等权限上逐渐实行了权力下放,使得地方政府逐渐成为一个相对独立的利益主体,极大地刺激了地方政府的积极性,充分发挥了其能动性,促进了地方经济的快速发展。

(1) 政府的政策行为

这里所讲的政府的政策行为主要是指由各级政府制定的能够反映政府思想和行动方向的相关政策,政府的政策行为对土地利用的效果有着直接的影响,有些政策在实际实行时引起了土地利用的负面效应,如土地的粗放、低效利用,过度的农地非农化,浪费了大量土地资源,促使废弃地的产生。本书将简要分析两种驱使废弃地形成的政府政策,即招商引资的优惠政策、人口和用地政策。

① 招商引资的优惠政策

改革开放以来,中央政府逐渐实行了权利的全面下放,从而使得地方政府逐渐摆脱了中央政府的计划控制,成了独立的行政和经济主体。与此同时,在现行政府治理结构下,地方政府的人格化特征十分显著,以经济增长为中心的自上而下的官员考核、任命办法决定了地方政府的行为特征,促使地方政府把本地区经济增长的最大化作为首要目标(姜海,2006),而招商引资成为政府官员政绩考核的一个主要指标。

资本是地方经济发展的重要因素,招商引资已成为目前地方政府发展经济的重要策略,20世纪90年代后期以来新一轮招商引资的范围则更为广泛、更具普遍性。在地方与地方激烈的经济竞争中,能否吸引资本流入通常被认为与流入地是否提供充分的优惠政策有关,因此吸引资本流入的策略就在于彼此学习与模仿,提供一套至少不能劣于其他同类地方的优惠政策(黄玉,2009)。惯常的运作是:根据投资者投资规模、年产值、带动效应的不同,量身定制土地优惠政策,投资规模、年产值、带动效应越大的投资者可获得越多的土地优惠,而作为这一政策载体的各种工业园或开发区便如同雨后春笋般地冒出来。招商引资的优惠政策主要是提供给投资开发区以及工业园区等特殊经济区域的企业,具体的优惠政策反应在土地上主要是降低企业用地成本,实行所谓政府土地的"零收益"政策,有的地方甚至提出了"税费全免,土地全送""零出让金""零征地补偿费"等一系列的优惠政策。根据上述对企业占地行为的分析,对于进驻企业而言,为了获取利益的最大化,土地成本越低,其欲占有越多的土地,甚至有些企业借助政府提供的便利,大量的圈地。邹晓云[①]指出,地方政府在发展经济上存在着强烈的冲动和愿望,这本身并没有错。但是,部分地方政府在引进大企业,尤其是特大型企业时,往往无偿或是以极其低廉的价格为企业配置土地,有的甚至连厂房都建好了。与此同时,一些企业瞄准地方政府的招商引资愿望,基于土地资源的稀缺性,漫天要价。原本并不需要那么多的土地,但是却"狮子大开口",在制定用地规划时,一期工程还没有建设就安排二期,甚至远到三期、四期和五期的用地,导致有些企业的现建面积不足预留用地的三分之一,有些企业由于资金缺乏、效益欠佳等多方面的原因对于预留用地在很长时间内(通常超过五年)不进行开发利用,将其闲置废弃。

此外,地方政府作为独立的经济主体,在经济利益的驱动下,为了能够运用优惠政策吸引外资,扩大开发区、科技园区以及工业园区等特殊经济区域的数量已成为一个显著特征,然而随着开发区,尤其是园区数目的增加,使得其难以吸收到适合定位要求的投资项目,因而造成了土地资源闲置废弃或粗放式经营利用。

② 人口和用地政策

我国在20世纪80年代以前对于城市特别是大城市的人口规模实行严格的控制,农村人口不能自由迁入城镇,严重地束缚了农村劳动力的流动。进入80年代以来,随着市场经济的逐步确立和发展,我国中央政府和地方政府对于人口户籍政

---

① 资料来源于《瞭望》,我国工矿用地大量闲置和浪费,2010。

策以及人口迁移引导政策逐渐实行,尤其是1984年国家开始实行农民可在地理空间和产业上自由流动的政策实施以来,极大地释放了农村的剩余劳动力,推动了农民迅速向经济发达地区流动的潮流,尤其是随着城市化、工业化的快速发展,使得城市以及经济发达地区对于劳动力的需求量迅速增加,更加速了农村人口向城市的转移流动。农产品市场虽然随着社会经济的发展得到了不断的完善和发展,但是仍然存在很多不完善之处,使得农产品的收益远远低于农户从事非农业的收益,再加上农业生产成本逐渐增加,使得农民抛弃耕地进城从事非农业,以获得更多地收益,这一原因也加速了农民向城市流动迁移的速度。然而,农业人口向城市流动的过程中,使得大量的耕地撂荒,形成废弃地,同时使其原有的住宅处于闲置废弃。由此可见,随着农村人口向城市流动迁移速度的增加,农村撂荒废弃地和闲置宅基地形成的几率增大。

政府通过制定一系列的土地政策来限制土地的获取和开发等土地利用活动,同时约束城市地域的空间扩张和农村地域的空间转型(彭翀,2008)。对于地方政府而言,作为具有地方宏观利益主体与独立经济主体双重身份的层级组织,承担着宏观调控区域经济组织和推动区域经济发展的职能,在土地上主要表现为城市建设以及企业用地的供给调控、对农地的保护和调整等。我国的土地产权是二元化的,即实行城市土地属于国家所有,农村土地属于集体所有,用于企业和城市建设的土地资源根据法律规定产权必须是国家所有,因而,国家只有通过土地征用将农村集体所用的土地产权转变为国家所有之后方可进行转让,实现土地的供给。由于政府对于土地所有制性质的合法转变具有垄断权,因此土地征用是一种带有强制性的政府行为。由于地方政府双重身份的特殊性,在其作为地方的经济主体时,官员们为了体现政绩,追求效用的最大化,大力推动城市化和工业化发展以寻求经济的快速发展。因此,政府通过大量征用土地来满足城市扩张、工业园区及经济开发区大量兴建所需的用地。从我国土地有偿使用的历史来看,土地征用将农业用地转变为非农业建设用地有两次明显的高潮,第一次出现在20世纪90年代初期的开发区热,政府征用了大量城市周边的农地用于建设各类的开发区(何清涟,1998);第二次更大规模的农地非农化的高潮出现在21世纪初期,各类工业园区、科技园都是在这次浪潮中诞生的。邹晓云[①]认为,尽管许多政府为了追求经济利

---

① 资料来源于《瞭望》,我国工矿用地大量闲置和浪费,2010。

益,热衷于搞工业园或是开发区,但国家承认的却并不是很多,很多都属于"地方行为"。又由于缺乏科学的规划和预测,往往是"先开发,后规划",或是规划与开发几乎同步进行,建好以后再去招商,结果商没招来,造成大量的"征而未用"的闲置废弃土地。根据全国土地利用变更调查,截至 2005 年,全国城镇规划范围内共有闲置、空闲和批而未供的土地近 26.67 万 hm^2,相当于全国一年的新增建设用地计划指标。

（2）政府的建设行为

政府的建设行为相对于政策行为而言,是政府直接作用土地利用空间的行为,该行为主要体现在政府投资和建设方面。通常在基础设施项目和重大工程项目上中央和地方政府会参与建设或投资。然而政府的建设投入行为若不合理、失范,则将可能导致废弃地的形成,增加废弃地产生的概率。

与废弃地形成相关的政府建设行为通常体现在基础设施的建设（主要指交通）、产业的空间布局与转移、开发区的建设等重大工程项目以及新农村建设等：① 基础设施的建设。近年来随着城市化和工业化进程的加快,政府大力地投入基础设施项目的建设,然而在例如高铁、高速公路等的修建过程中,在路两侧随意取土,造成修建公路两侧形成挖废的大坑;又如为了运输材料临时修建的公路,在项目竣工后趋于荒废。② 产业的空间布局与转移。产业的空间布局与转移是指在经济全球化的推动下产业由劳动密集型向技术密集型的转化过程中政府所发挥的作用,比如我国政府提出的"退二进三"政策,但这使得大量退出的传统制造业的旧厂区由于难以整治利用而处于闲置废弃状态。③ 开发区的建设。开发区的建设主要是指政府为了发展地方经济、体现政绩所建立的产业、资金在空间上聚集与扩散,进而促进区域经济增长的一种新的经济中心(郑通汉,1994)。我国在 1987—1992 年掀起了"开发区热",全国各省、地、县乃至乡镇都在积极地大力兴建开发区,尤其是在沿海发达地区的大中城市(何清涟,1998)。开发区的土地 80% 以上来自于耕地,严重地侵占了耕地,据统计,1992 年全国共有开发区 8 000 多个,损失耕地将近 3 000 万亩。此外由于开发区的兴建是政府行为,因此开发区的建设变相地成为政府占地圈地的一条途径。政府为了追求经济利益,没有对开发区建设的可行性以及预期性收益进行严格地科学论证,盲目地征地圈地,进而导致兴建的开发区数量和规模不能与当地的人力、物力以及财力等各方面的实力相配套,以致无力进行基础设施等的建设,使得大量的土地闲置,甚至有相当一部分的开发区都未曾动工开发。据原国家土地管理局清查办公室统计,至 1997 年底,全国各类开发区闲置土地面积达 40 708 hm²(龙花楼,1999)。④ 新农村建设。为了推进农村的快速发展,缩小城乡差距,各地政府都在积极地开展新农村建设。新农村建设的一项重要举措就是"三集中"模式的实施,即通过迁村并点,将分散的零散、人均用地面积偏大的农民住宅逐步向中心村或小城镇社区集中;通过搬迁改造,使乡镇企业逐步向城镇工业园区集中;通过归并零散地块,使农地逐步向规模经营转变以及加大盘活存量建设用地的力度。然而,在操作实施中,由于政府的搬迁补偿政策不完善以及执行力度等的影响,形成了中短期的闲置废弃地现象。尤其是对于迁村并点而言,由于农户个体属性[①]的差异使得农户对于搬迁要求的补偿程度不同,进而导致农民搬迁行为的不一致,形成了愿意搬迁的已住进中心村,而不愿意的搬迁的仍在旧村即所谓钉子户的现象,由于农户搬迁的不统一导致已搬迁农户的房屋在一个时间段内闲置废弃,造成了土地资源的浪费。

由此可见,在政府实施的各项建设活动中,政府建设行为的合理与否影响着废弃地的形成与否,即当政府的建设行为不合理时,则将可能导致废弃地的形成,破坏土地的可持续利用。

4.4 主体行为的交互分析

上述分析对废弃地形成的主体进行了梳理。然而,主体存在于自然—生态—环境的大环境之中,与外界有着密切的联系,而不是孤立的存在,且生存于同一个环境的主体之间相互联系、相互影响,因此主体的行为不仅仅包括同一主体内部各个体间行为,同时也包含了不同类主体间的交互行为,本书所讨论的不同类主体间的交互行为主要体现在农户与企业之间、农户与政府之间以及政府与企业间的交互行为,如图 4.7 所示。

随着全球化的不断深入发展,我国也进入了经济转型时期,这个转型的背景环境,加速了我国城市化和工业化的发展进程,使得区域主体行为的互动趋于密集,

---

① 农户个体属性是指农户自身的内生结构因素,如农户的年龄、教育程度、家庭特征、拥有的资本、收入、职业等,它影响着农户的决策行为(Brotherton, I., 1991; Potter, C. et al., 1992; Schulman, M. D., 1994; Shucksnuth, M., 1993)。

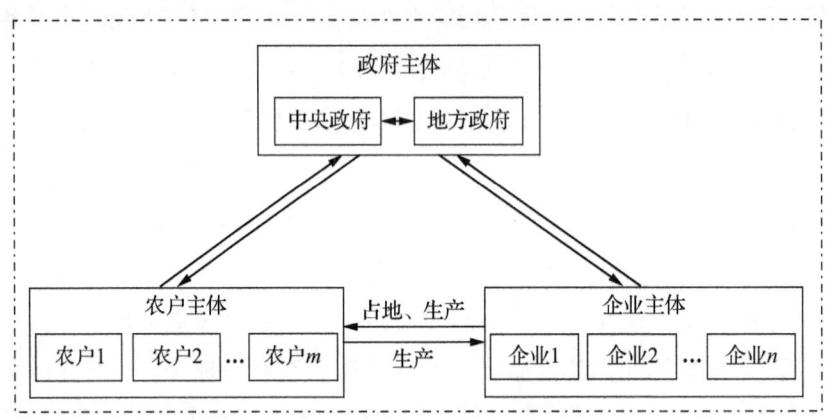

图 4.7　主体行为交互关系框架图

加深了主体行为之间的交叉影响程度。对于废弃地形成的主体行为的交互关系的研究旨在分析各类主体行为之间的相关性。企业和农户两个主体都是自组织的系统,对于企业而言,作为经济主体,其最主要的目标是为了获取利润的最大化,而投入成本的最小化和生产的最大化是企业获取利润最大化的主要途径。土地作为企业生产成本的诸多要素之一,其价格的高低影响着企业最大化利润的实现。然而,我国的土地市场并不都是完全竞争的、发育完善的市场,市场体系的不健全以及市场机制的不完善使得市场机制的作用得不到充分的发挥,土地价格扭曲的现象十分严重,通常企业获得用地的价格在总体上低于理想状态下的"市场价格"(曲福田等,2007)。在这种情况下,企业为了获得更多的收益则将占用比建厂所需更多的土地,使得更多的农地非农化,耕地大量地减少,导致农村的剩余劳动力增多,则更多地劳动力将流向城市从事非农产业,而正如上述在农户主体行为中所论述的,农户从事非农产业将增加农户弃耕行为和宅基地闲置废弃的概率。同样,企业的生产行为也将影响农户主体而增加废弃地形成的几率。比如对于污染性企业,其生产中所排放的固体和液体通过浇灌或其他途径污染了土地,导致土地质量下降,推动了土地的退化,当影响到生产的收益时,农户将可能弃耕,增加了废弃土地产生的概率。从农户的角度来讲,由于企业能为当地农户提供就业机会,增加农户收入,并且改善了周围的基础生活设施等福利条件,因此即使企业对农户的土壤造成了污染,农户为了追求短期的利益也将忽视损害以维护企业的存在,从而增加了废弃地产生的概率。另一方面,农户作为土地利用的主体,其对土地利用的决策是以在保障基本生存安全的基础上追求利润最大化为目标,对于不完全理性的农户而言,通常只追求短期的利润最大化,因此当农地非农化的价值大于农地用于农业经营和生存保障价值时,则推进农户加速农地的非农化,农户更易于将土地直接转让给私营、个体以及外资企业以获得土地增值的收益,从而导致企业用地的供给量增加,滋生了企业的占地行为。由此可看出,企业的占地、搬迁和生产行为与农户对土地的生产行为之间相互关联。

与企业和农户行为相比,具有行政管理权和资源所有权的政府行为与一般的经济主体行为有着显著的差别,政府行为是在高于企业和农户两个主体的层面上通过强制和引导两种手段作用于土地的,在废弃地的形成中起着举足轻重的作用。从政府和企业的行为关系来看,一方面,在计划经济条件下国有企业直接受国家政府的操控,在用地时只需支付土地使用费,这种低成本的土地获取方式使得国有企业囤积、闲置和低效利用土地的现象较为普遍。随着中央政府权力的下放,地方政府发展为自主能力逐渐增强的行政和经济主体,地方政府的行为以追求行政效用和经济效益最大化为目标。为了体现政绩,获取经济利益,通过制定一些优惠的政策来吸引外资以带动地方经济的发展。政府优惠政策的最大特点就是对企业获取土地的优惠,即政府以低的土地价格,甚至零地价来吸引外资。根据上述分析,低的地价促使企业占有更多的土地,从而导致土地的低效、闲置。另一方面,在国际产业转型环境的带动下,我国政府积极进行了产业结构调整和产业空间转移,以促进产业结构的优化升级,比如提出"退二进三"政策,引起了企业的搬迁,然而传统制造业搬迁之后的遗留地由于难于整理而至废弃。可见企业和政府主体之间的行为有着密切的联系,企业带动当地经济的发展,满足政府体现政绩、获取经济利益的需求;政府给企业在当地的发展提供政策的优惠,降低企业的生产成本,增加其收益。然而也正是由于双方追求利益的主体行为,驱使废弃地的形成。从政府和农户主体的行为来看,中央政府制定的人口与用地政策以及基础设施建设、新农村建设等都影响着农户的生产和居住。政府通过人口以及土地政策,鼓励农户人口在城乡间流动,强制农户进行农地的非农化,使得大量的农地通过政策供给开发区以及工业园区的建设,以吸引更多的企业进驻当地,带动全区域的经济发展。可见政府的政策和建设行为推动了农户主体的生产、居住行为和企业占地、搬迁和生产行为。由此可看出,废弃地形成的三大主体之间行为的相互作用、相互影响共同推动驱使了废弃地的形成,详见图4.8。

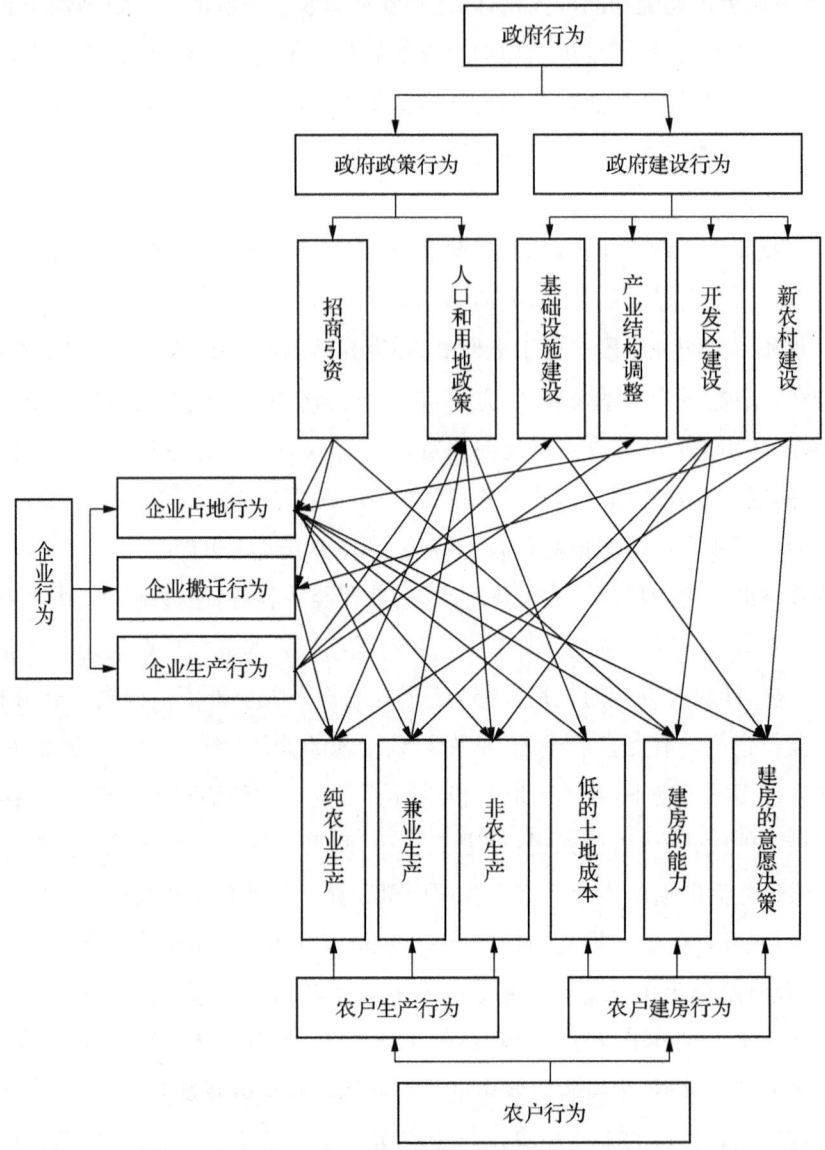

图 4.8 废弃地形成的多主体行为交互

4.5 多主体概念模型的生成

对于废弃地的形成而言,土地利用主体的行为对其有着直接的影响。其中政府主体作为国家的行政管理机构,有着超越一般主体的经济和行政权力。政府的行为对于企业行为和农户行为既有约束性又有诱导性,政府行为在高于企业和农户行为的层面上运行,政府的政策行为和建设行为对于农户行为和企业行为有着直接的影响,反过来农户行为和企业行为推动着政府行为导致废弃地的形成。可见企业、农户和政府三类土地利用微观主体的行为以及主体间的交互行为共同作用于废弃地的形成,由此构架废弃地形成的多主体概念模型,如图4.9所示,以此来表明主体对废弃地形成的行为作用以及产生的效应。

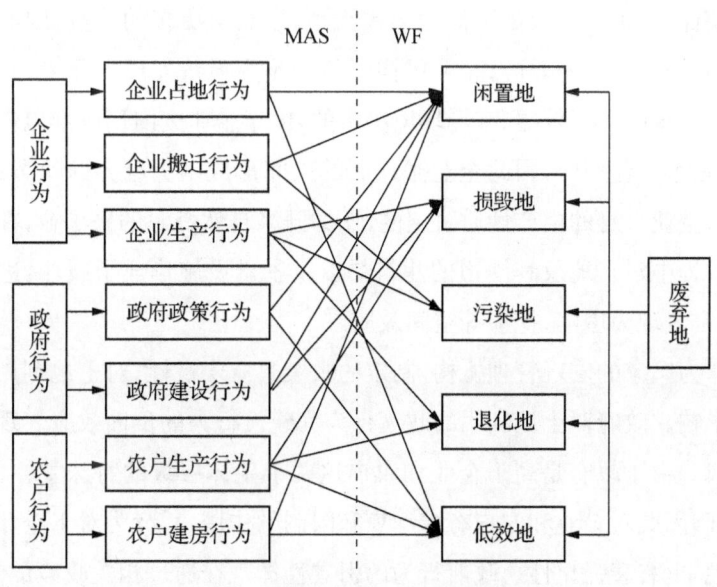

图 4.9 废弃地形成的多主体概念模型

根据上述对农户主体行为的分析可知,农户的生产行为和农户对居住用地的利用行为对废弃地的形成有着直接的影响,农户的行为既推动了废弃地的形成,又滋生了企业的占地行为。就农户本身而言,农户生产的空间行为主要表现为农户的从业方式即纯农业生产方式、兼业生产方式或非农的生产,不同的生产方式对土地产生着不同的利用效应。农户对居住用地的利用在空间上表现为村庄外围的扩大和内部的空心化,加速了废弃地的形成。农户行为产生的空间效应是通过与企业和政府行为的交互来实现的。一方面,政府的政策行为以及建设行为推动了农户生产方式的多元化,间接地影响了废弃地的形成;而农户的生产方式和对居住用地的利用行为促进了政府政策和建设行为的实施;另一方面,企业由于能为当地的农户提供就业机会以及生活基础设施等福利条件,既提高了农户的收入水平,同时在某种程度上又改善了农户的生活环境条件,因此推动了农户从事非农或兼农的生产方式,也增加了农户流出土地的意愿,从而使得农户对于农地利用活动的减弱,导致农地的低效利用,甚至闲置废弃。而农户流出土地意愿的增加加速了企业的占地行为,在土地利用的空间形态上表现为低效、闲置。

对于企业而言,企业的占地、搬迁和生产行为推动着土地利用的空间变化,是废弃地形成的直接推动力。企业作为独立的经济主体,为了追求利益的最大化、降低成本,在有限的条件下会尽可能地多占土地,以获得更多的收益,因而产生了土地闲置、低效利用的空间效应;企业的搬迁行为是受经济发展的环境、政府政策行为以及企业自身的运行效益、市场环境决定的,由于企业废旧厂区难以恢复利用的特点,尤其是重工业厂区,因此企业搬迁后的空间形成闲置废弃的状态;企业的生产行为是由企业自身的生产性质决定的,比如开采自然资源的采矿业,在对资源开采挖掘的过程中对土地及其周边的建筑物以及基础设施形成了破坏,进而演化为废弃地,通常表现为塌陷、挖损等空间效应。

政府作为国家的宏观管理机构,制定的政策具有宏观性,对土地利用的变化有着明显的影响。政府对土地利用的政策行为和建设行为的负面效应表现为促进废弃地的形成。由于政府是高于企业和农户这两个主体层级的特殊主体,有着独特的权利特征,因此对企业和农户有着约束和限制的作用,其行为对于企业和农户既有着引导性,也有着强化性。政府行为的引导性体现在通过相关政策的制定,基础设施建设、人才培养等软硬件投资环境的改革和完善对农户和企业的土地利用行为进行着间接的影响;政府行为的强化性体现在通过行政管理手段决定着企业的区位选择以及土地利用用途的限制,在空间上体现为土地用途的分区等。

4.6 本章小结

废弃地是人们在开发利用土地的过程中由于不合理的利用方式而产生的,可见开发利用土地的主体行为是废弃地产生与否的关键因素。因此本章从微观主体的角度入手,通过引入多主体概念模型来分析废弃地形成的微观主体行为以及行为的交互作用,进而探讨废弃地形成的机理。本书的主要结论如下:

(1) 多主体模型的构成以及主体的界定

首先对多主体模型的定义以及特征进行了文献回顾,在此基础上,根据废弃地的概念以及特征构建了废弃地形成的多主体模型(MAS/WF)。模型主要由两部分构成:多主体的行为和废弃地的形成,并根据废弃地形成的特点将废弃地的主体分为社会性主体、市场性主体以及政府性主体。在模型构建的基础上,对模型的主体构成进行了界定。根据废弃地的形成以及土地利用的主体,本书将市场性主体界定为企业主体,社会性主体界定为农户主体,政府性主体界定为政府,对三类主体的属性特征以及主体构成进行了论述。

(2) 主体行为的分析

在构建废弃地形成的多主体模型以及界定主体的基础上,对各个主体的行为进行了分析。在农户主体方面,本书将农户主体行为分为两个方面来论述,一是农户的生产行为,主要表现为纯农业生产(即完全农业生产)、兼业生产以及非农生产。不同的农户生产方式对土地的利用表现为不同的形式,对土地利用的结果也有所差异。当土地利用的行为不符合土地可持续利用条件时,则在空间上表现为废弃地。完全农业生产对废弃地的形成主要表现在农户对土地过度利用引起的土地的退化,它对于废弃地形成的影响力较弱;而兼业生产和非农生产,尤其是非农生产,对于废弃地形成的促进作用主要体现在对农户土地非农利用供给意愿的增加,甚至导致土地撂荒,直接或间接地影响着废弃地的产生。同时农户兼业和非农的生产方式影响了对于宅基地的利用情况,出现了宅基地的低效利用以及闲置废弃。二是农户对居住用地的利用行为。该行为主要从三个方面促进了废弃地的形成。首先是农户建房意愿的变化。这主要是由农户自身的属性,以及人口变化、自然因素、观念等原因造成,意愿的增加使农户建房,建房的选址行为影响着废弃地的形成与否。其次是农户经济能力的提高。随着社会经济的发展以及城市化进程的加快,使得农户收入提高,从而使得农户建新房或进城购房,最终引起了宅基地的闲置。此外,由于农户取得宅基地的土地成本低,驱动农户选新址建房,造成了旧宅的废弃。在企业方面,其主体行为主要体现在占地、搬迁以及生产行为。企业的行为是废弃地形成的直接推动因素。在政府方面,其主体行为主要表现为政策行为和建设行为,且具有诱导性和强制性。

(3) 主体交互行为的分析以及概念模型的生成

在对主体行为分析的基础上对各主体的交互行为进行了论述,其结论主要认为：企业的占地、搬迁以及生产行为推动着农户的行为，而农户的行为在某种程度上滋生了企业行为的产生，为企业行为的产生提供了条件，企业行为和农户行为之间相互关联；政府行为在高于企业和农户行为的层面上进行，政府行为对于企业行为和农户行为具有强制性和诱导性，而农户行为和企业行为又影响着政府的政策行为和建设行为。三类主体之间相互关联、相互影响地推动了废弃地的形成。在此基础上构建了废弃地形成的多主体概念模型。模型认为：在废弃地的形成过程中，政府的宏观调控起着重要的作用，它对企业主体和农户主体起着引导和强化的调控作用；而企业和农户的主体行为又影响着政府的行为。三类主体行为之间紧密联系、相互影响，并通过主体间的交互行为共同作用导致了废弃地的形成。

5 废弃地防治的行为响应分析

土地是人类赖以生存的场所,是人类生产和生活不可或缺的物质条件。近年来,随着经济的快速发展,城市化和工业化进程的不断加快,土地资源的供需矛盾日趋增加。然而在人地矛盾日趋加剧、土地资源供给紧缺的危机已迫在眉睫的同时,我国各地的废弃地数量却在不断地增加,尤其是采矿业产生的废弃地和当前经济建设中产生的闲置地。国土资源部在国新办发布会上表示,截至 2009 年底,全国仍然约有一万公顷闲置地[①]。农村用地的闲置、低效现象严重,根据"中国土地问题研讨会"上的报告"目前我国 2.4 亿亩村庄建设用地中,'空心村'内老宅基地闲置面积约占 10%～15%"。而采矿业产生的废弃地数量更是令人生畏,据统计,目前采煤区地面塌陷造成的土地破坏总量超过 400 万 km^2,并且仍以每年 3.3 万～4.7 万 km^2 的速度增加(李新举等,2007)。可见,随处可见的废弃地现象严重地浪费了紧张的土地资源,因此进行废弃地的防治研究对缓解当前用地压力、集约节约用地提供了新思路。

5.1 废弃地对土地利用系统的影响

废弃地是人们在利用土地的过程中形成的,可见废弃地与土地利用有着密切的联系。废弃地是土地利用的一种特殊形态,它是人们利用土地的一个动态形态。当人们对土地利用不合理时可能导致废弃地的形成,然而,没有永久性的废弃地,通过对其施加各种修复改造措施,如经济、物理、政策以及生态等又将转化为可供利用的土地资源。可见废弃地与可用地之间是随着人类对土地的利用行为而相互过渡、转化,因此废弃地是一个动态存在的土地利用的特殊形态。从系统论的角度看,土地利用系统是某种土地类型与一定的土地利用方式相结合的过程,是由人与

---

① 引自"中国市场研究报告网",2010,01,http://www.ewise.com.cn

自然环境相互依托、相互协调、相互影响的社会、经济和环境组成的复合系统,它包含了环境、社会和经济三个子系统。因此当土地利用的形态表现为废弃地时,它将对区域土地利用系统产生影响,并导致土地利用系统的不可持续发展。

5.1.1 废弃地对环境子系统的影响

环境子系统是土地利用系统的内在环境,也是土地利用赖以运行的自然环境。环境子系统包含自然环境要素和人工环境要素,自然环境要素有地质地貌、气候、水文、土壤以及动植物等;人工环境要素是由于人类活动对自然产生干扰形成的。环境子系统的各类要素的特征都影响着土地的利用。对于自然要素而言,其为土地的开发利用提供自然资源条件,然而不同的自然要素构成影响着土地利用方式和土地利用类型,其差异性决定了土地资源的区域性特征。地质地貌决定着土地的基本形态,决定了土地的光、热、水等资源条件,从而决定着土地的生产潜力;气候条件是决定植物生长发育状况的重要因素,其差异决定了土地生产潜力的发挥程度;土壤作为土地最主要的组成要素之一,其质量状况是影响土地生产潜力的主要因素之一;水文条件作为土地的主要组成因素之一也影响着土地的生产潜力;植被则是体现土地自然环境要素的主要标志。而人工环境是人类在不断利用自然环境的过程中,通过对自然景观的改造建设逐渐演变而成的。

从环境子系统的构成要素来看,系统的特性符合生态系统的特征,但主要构成要素是土地资源,可见在本质上环境子系统就是土地生态系统。废弃地是由于人类对土地资源的不合理利用而形成的,其使得土地表现为不可利用的状态。由于土地资源是环境子系统的核心要素,因此废弃地将直接作用于环境系统,影响着环境系统内各要素正常功能的发挥,尤其是对于自然景观造成影响或破坏其正常的生产功能。不同的废弃地类型对于环境子系统的影响不同。废弃地的形态尤其是损毁地,对自然景观造成了一定程度的破坏,进而影响了整个自然环境的生态平衡;污染地对环境子系统的影响主要体现在土壤的质量以及水资源质量的降低,进而影响土地的生长发育功能;此外,对于损毁地而言,地貌形态的破坏,影响区域光、热、水等条件的分配,进而引起整个区域自然环境的改变;对于闲置地和低效地而言,其在降低土地生产潜力,影响其正常功能发挥的同时,对其景观生态也造成了影响。根据系统性原理,在土地利用系统中,任一系统要素 $E_i(i=1,2,\cdots,n)$ 的变化是从 E_1 到 E_n 的所有要素的函数,即某一要素的变化必将引起其他因素以及整个系统的变化,从而引起不同要素间的分配组合,导致不同的系统功能(刘彦随,1999)。由于废弃地是依附于环境子系统存在,环境子系统在本质上表现为土地生态系统,因而废弃地的形成影响了环境子系统正常的功能作用,也即破坏了土地生态系统的平衡,导致土地生态功能退化,进而影响整个土地利用大系统的正常运作。

5.1.2 废弃地对社会子系统的影响

社会子系统是特定地域内与土地利用有关的人地关系以及人人关系的一种反映,其系统的组成要素主要有法规政策、社会利益群体、人口因素以及文化等,该子系统主要是表达各要素对人们利用土地行为的影响,具有社会属性。

社会子系统中的社会利益群体实质上是指直接或间接的土地利用者,即土地利用的主体。在上文的分析中已经论述过,土地利用的主体可概括为个人、企业或政府,他们是土地利用的利益群体,根据行为科学理论,个体在进行土地利用决策时都先考虑满足个人的需求目标,因此,在实践的应用中往往造成土地利用主体的目标与社会利用土地的目标之间的差异。此时,需要制定法规政策来对主体利用土地的行为进行影响制约。比如我国制定的严格的耕地保护制度来约束利益主体为了自身的目标对耕地的占用破坏;1996年我国针对经济建设中出现的大量闲置地,出台了《闲置土地处置办法》来保护土地的合理利用,因而法规政策是约束社会子系统中利益主体合理用地行为的主要因素。但是在利益群体中,由于政府具有高于其他利益主体的特殊行政决策权力,因此政府(尤其是地方政府)为了体现政绩,推动地方经济,利用其权力影响着土地的利用行为,像为了招商引资制定的"免税费""零地价"等优惠政策。人作为土地利用的主体,人口因素是影响土地利用的重要因素,且与文化、教育等相联系,不同文化素养、教育程度的人对于土地利用需求有所不同。

社会子系统作为具有社会属性的子系统,主要体现着土地利用主体与土地利用之间的行为关系,也即人地关系。当该系统内出现废弃地时,则表明是系统内土地利用主体对土地利用行为不合理所致,而土地利用主体的行为与人的文化素养、教育程度等有一定的关联,进而影响到子系统功能的正常运转,可见,社会子系统在实质上表现为人地关系系统。同时政策要素是社会子系统中约束土地利用行为的重要调控因素,反过来讲,废弃地的产生表明了政策调控机制的不合理。根据系统性原理,当系统中的某个要素发生变化时将引起系统以及系统内其他因素的变化,进而导致系统无序的不可持续发展,影响土地利用的社会效益。

5.1.3 废弃地对经济子系统的影响

土地利用的经济子系统是指土地利用的经济背景环境,主要构成要素包括对土地的投入与产出以及技术水平和土地市场等,影响着土地的利用效益。

土地作为人类生存的基本物质资料,其基本属性表现在土地的自然属性和土地的经济属性。土地资源的经济特性主要表现在:土地的区位性、供给的稀缺性、土地利用变更的困难性及土地报酬的递减性等。可见土地利用是一种经济行为,对土地利用的行为也要遵循经济规律,即在市场经济条件下产出要大于投入,以及实现比较效益以及边际效益的最大化等。通常,土地的利用直接受各经济要素的制约,在各要素合理组合配置的情况下推动土地利用朝着高收益的发展方向有序的演进。然而,废弃地的产生将使得投入产出率降低,从而降低了土地利用的比较收益、边际效益等,使得土地利用的经济效益下降,制约着土地利用经济子系统的有序发展。技术水平的高低直接决定着土地利用效益的高低和集约节约用地的水平。当技术水平低下时,会促进土地的不合理利用方式,增加土地粗放利用的经营方式;反之,较高的土地利用科技水平则使得土地利用的方式和利用的结构区域合理化,进而制约着废弃地的形成。废弃地的形成影响着土地供给的稀缺性因素,使得原本稀缺的土地资源供给更加紧张,从而使得土地利用的投入成本增加。可见,废弃地的形成制约着土地利用的经济收益,从而制约着土地利用经济子系统的有序发展。

综上,根据系统的结构—功能原理,即系统内部各子系统之间具有协同关系,可知系统的结构决定着功能,只有合理的土地利用结构才能保证土地利用系统功能的增强和效益的提高,从而促进整个土地利用系统的良性循环。根据系统性原理,即系统与要素之间的函数关系,其体现了系统内部各组成要素间的相关关系,以及要素和系统之间互为影响和制约的内在作用关系(刘彦随,1999),可知土地利用系统的各子系统之间以及子系统与系统之间的相互关联、相互制约。因此当废弃地形成时,首先表现在自然环境的土地形态上,影响了整个环境子系统的生态效益;其次制约了经济子系统和社会子系统的有序发展,影响着土地利用系统的经济效益和社会效益,使得整个土地利用系统处于一个无序的发展状态,进而造成了土地利用的不可持续发展。而系统结构的不合理也将导致土地利用功能不能正常发挥,甚至退化,以致废弃地的产生。像闲置废弃地就是由于社会子系统和经济子系统之间相互作用不协调而产生的。由此可见,从系统论的角度来看,防治废弃地形成的关键就在于保证土地利用各子系统之间协调统一的。

5.2 废弃地防治的主体行为响应分析

废弃地的防治是指对于已产生废弃地的治理和将要或可能要形成的废弃地的防止。根据前文的分析,废弃地在微观上主要是由土地利用的微观主体行为即农户行为、企业行为和政府行为而产生的,可见分析微观主体的防治行为是研究废弃地防治的关键。因此本书在废弃地微观主体行为对形成机理影响的分析基础之上,对废弃地防治的行为响应进行梳理分析。

5.2.1 农户行为响应分析

从1979年我国农村经济体制改革、实施联产承包经营体制开始,农户既是农村投资、生产与消费等经济活动的微观行为主体,也是农业生产中最基本的决策单元,农户的行为影响着农业土地的利用。同时,农户作为土地利用的直接参与者,其对废弃地防治的积极性和决策性将直接关系到废弃地防治的深度和广度(李建强等,2005)。农户行为是指农村居民家庭(个体和群体)为了满足自身的物质和精神需要,并达到一定目标而表现出来的一系列的活动过程,以及农户自身在此过程中所表现出来的决策、调整等行为。它包括生产、交换、分配、消费等活动的全过程(庾德昌,1996),是一种有组织的群体生产行为,也是农户有计划的行为,其最终的目标是取得家庭利益的最大化。根据行为科学理论,推动人的行为的动力因素有三个方面:行为者的需要、动机和目标,详细论述见第四章。据此可知废弃地防治的农户行为就是指农户为了满足自身生产和生活的需要,根据自身的属性条件和外部的环境对自身的影响而做出的是否对废弃地进行投入的意愿决策过程。但农户作为农业生产经营的主体,其经营的总目标就是追求效用的最大化,如食物保障、收入以及各种资源的充分利用等(李建强等,2005),而农户对于废弃地防治的行为属于一种经营性活动,因此农户在进行行为决策时首先考虑该行为活动对于自己实现效用最大化总目标的影响以及贡献程度。根据马斯洛需求层次理论,这些目标为自身生存安全和在此基础上的经济利益最大化。可见，理性农户在进行废弃地防治行为决策时根据自身拥有的资源以及外部环境约束因子（社会、经济、自然因素）来判断选择，以达到关系自身生存的食物安全基础上的效用最大化目标。从本质上来讲，农户对于废弃地防治行为是一项长期性的投资活动，需要在考虑时间的基础上更加全面的分析。由此可见废弃地防治的农户行为是农户有计划的行为。根据计划行为理论，个人的行为意向是预测行为的良好变量，它是个人对于从事某个特定行为的主观机理的判定，反映了个人对于该行为的采用意愿（曾麟等，2009）。因此本书通过农户对废弃地防治的意愿来预测判断农户对废弃地防治的行为响应。

1）农户行为响应的影响因素分析

由于人的存在是依赖于社会环境的，因此外部的环境对人有着巨大的影响。根据美国心理学家 Bandura 在 1977 年提出的社会认知理论可知，行为是由个人因素（如态度、目标等）与环境因素的互动作用而产生。由此可见，废弃地防治的农户行为是受农户个体属性因素与外部环境因素两方面的影响。农户的个体属性因素主要表现在农户的年龄、受教育程度、土地经营规模、劳动力状况以及家庭收入几个方面；而外部因素主要表现在土地产权制度、农业比较收益、土地整治的政策以及技术支持等几个方面。

(1) 农户个体属性因素

农户个体属性因素主要是指农户自身的属性特征。根据行为科学理论，农户自身的属性特征影响着农户的控制认知和行为决策态度。而农户的态度直接影响着农户行为的实施。可见农户的个体属性因素对于农户的行为有着重要的影响。农户的个体属性通常表现为农户的年龄、受教育程度、家庭的劳动力状况以及家庭经济收入等，这些因素综合体现了农户个体的能力。农户的能力越强，则农户对于废弃地防治的认知程度就越高，农户对于废弃地防治的行为态度就越积极。农户个体属性因素对农户行为的影响主要体现在以下几个方面：

① 年龄　主要不同年龄阶段的农户个体由于受生活经验、社会阅历、人生观念和价值观等各方面的差异，对于事物的认识力和判断力有着显著的不同。根据实地的调研表明，年龄越大的人恋土情节越严重；而对于年轻人来说，随着城市化进程加快的影响，大多数更愿意去城市中从事非农职业，以体现自己的价值，同时

可获得更高的收入。

② 受教育程度　个体的受教育程度影响着个体对事物的认知和决策行为,对个体的综合素质修养有着直接的影响。对于农户而言,其受教育程度越高,认知和决策更为理性,对于外界社会产生的新知识、新技能以及一些新的社会理念更易于接受,自身的能力就越强。对于废弃地的防治而言,农户的受教育程度越高,则对于土地资源的紧缺性以及土地节约集约利用原则的认识就越高,进而对于土地粗放以及不合理利用行为的约束就越强。

③ 土地经营规模　对于以地为生的农户来说,土地是其最重要的生产要素,也是其生产和生活的基本生产对象。因此土地的数量和质量将在很大程度上制约农户的行为。我国自1978年普遍推行家庭联产承包经营责任制以来,实行了以人口分割地块的形式,据调查农户人均耕地只有1.24亩(刘恒保,1989)。这种土地的细碎化增加了农户的耕作成本,加大了农户的劳动强度,降低了农户对土地投入的积极性,马鸿运(1993)在早期对土地经营规模与农户投资关系的研究中已表明,如果人均耕地小于1.9亩,则只有29.4%的农户愿意继续对土地的投入,甚至有些农户把离住所较远的小块地撂荒;当人均耕地面积大于2.5亩时,则约有44.4%的农户愿意进行对土地的投入。可见,土地经营的规模对农户投资的积极性起着至关重要的影响,同时也成为农村土地撂荒的一个重要影响因素。

④ 劳动力状况　对于农户而言,废弃地的防治不仅仅需要技术和资金的投入,最主要的是需要劳动力的投入。虽然我国劳动力资源丰富,据估计我国农村剩余劳动力有1.2亿之多(李建强等,2005),但是随着人口政策的改变以及城市化进程的迅速推进,有大量的农户从农村流向城市,进行非农活动以获得更多的收入。劳动力的转移虽然增加了农户的收入,推动了农村经济的发展,但也限制了需要大量劳动力投入的废弃地的防治行为(王仕菊,2009)。可见,劳动力的状况制约着农户主体的行为。

⑤ 农户家庭收入　废弃地的防治是农户的一种投资行为,农户家庭的收入水平直接制约着废弃地防治的投入能力(李建强,2005)。农户的收入水平影响着农户的追求目标和需要,对低收入的农户来讲,其主要注重生存原则的追求,其生产投入以满足家庭的基本生存需要为主,以获取生产的最大化为最终目标。对于废弃地的防治来说,其可见的利润是长期性的,而农户尤其是低收入的农户侧重于短期内的收益,因此限制了对于废弃地防治的投入。而对于收入较高的农户而言,从

理论上来讲是有能力进行废弃地防治的投入,但在实际中,由于农业生产比较效益低下,尤其是收入来源于非农业的农户,其从事非农活动可获得更多的收益,且收益在短期内是可见性的,因此这部分农户也有可能放弃对废弃地的防治投入行为。可见农户家庭的收入水平决定了农户的投资行为。

(2) 外部环境因素

① 农业比较收益

农户作为独立的经济主体,其从事废弃地防治的主要目标和动力是获取利益的最大化。废弃地的防治行为是农户对于土地的一种投资经营活动,因此农户对于废弃地防治的投资决策行为取决于两个方面,一方面是废弃地防治的收益与投入成本的比较。为了获取利益的最大化,只有在废弃地的防治投入收益大于投入成本的时候,农户才有可能进行废弃地的投资经营行为,以达到获取利润的目的;另一方面,农户对废弃地的投资经营收益与其他投资经营活动收益的比较。当废弃地投资的收益大于其他投资经营活动的收益时,农户才将可能进行废弃地防治投资行为。可见,农业的比较收益已成为农户进行废弃地防治行为决策的主要依据。

② 土地产权制度

土地产权的稳定性对农户的投资行为起着实质性的影响。土地产权对农户投资行为影响的相关研究表明,土地产权的不稳定性是抑制农业投资的潜在因素之一,同时土地产权强度是影响农业投资行为的一个重要因素(林毅夫,2005;张健,2005)。可见,土地产权保障了农户进行土地经营活动的稳定性,降低了农户对土地投入的风险,有利于激发农户对于废弃地防治投入的积极性。

③ 政策支持

政策作为国家在一定时期内制定的各种活动的行动准则,制约和引导着人们的行为活动。由于农业生产以及农户经营的特殊性要求,我国政府对农业的参与程度较高。特别是在目前我国市场经济体制不完善的情况下,政府的宏观调控包括对农业的投资、补贴、收购以及农用土地利用政策等,对农民土地利用行为的约束十分明显(陈佑启等,1998)。对于废弃地防治的农户行为而言,当政府的政策能给农户提供一定的优惠条件进行投资生产,且农户从这些优惠条件中能获得一定的利益时,农户则在政策的推动下进行积极地防治投资行为。可见政策是农户废弃地防治行为产生的推动因素。我国政府制定了鼓励农户进行土地整理的政策,如鼓励各级政府采取相应的措施来改造中、低产田,整治闲散废弃地;出台了谁整治谁收益的政策以及免交农业税等措施。可见,废弃地整治的政策支持对农户而言是一种激励措施。

④ 技术支持

废弃地的防治是一种投入高、技术要求高的土地整理活动,尤其是对于地表损毁性的废弃地的整治,一般采取生物措施和工程措施。对于农户而言,这些生物措施和工程措施都是超出其能力之外的,技术要求可能迫使农户放弃对废弃地的整治行为。此外,当对农业科技的投入下降时,不仅种子退化、单产难以提高,同时农业机械化面积锐减,技术下乡的指导工作减少,在这种情况下很难提高劳动的生产率,降低了农户对于土地的依赖性,制约着农户对废弃地防治的投入行为(刘恒保,1989)。可见对于农户的技术支持是制约农户投资行为的一个重要因素。

2) 农户行为响应的 Logistic 回归模型构建

根据计划行为理论,个人的行为意向(Behavioral Intention)是预测行为的良好变量,它是个人对于从事某种特定行为的主观几率的判定。根据实地调研可知,农户对于废弃地防治的行为响应主要体现在对废弃地的整治。因此,在本书的研究中农户对于废弃地防治的行为响应只有两种情况:一种是对废弃地整治,另一种是不整治。这里的"整治"或"不整治"就是本研究过程中需要被解释的废弃地防治的农户行为响应的现象,即因变量,这种具有定性意义的非连续型因变量通常被称为分类因变量。此外,一系列可能影响农户整治行为的其他要素则构成相应的解释变量,也即自变量。

目前,用于处理分类因变量的统计分析方法主要包括 Probit 分析、Logistic 回归分析和对数线性模型等。在社会科学中,应用最多的是 Logistic 回归分析。Logistic 回归分析根据因变量取值类别不同,又可以分为 Binary Logistic 回归分析和 Multinomial Logistic 回归分析,Binary Logistic 回归模型中因变量只能取两个值 1 和 0(虚拟因变量),而 Multinomial Logistic 回归模型中因变量可以取多个值。从上述分析的农户行为看,废弃地防治的农户行为响应属于典型的 Binary Logistic 问题,而其是分析个体决策行为的理想模型 Logistic 回归分析能确定解释变量 x_i 预测分类因变量 y 发生概率的作用和强度(卢纹岱,2006;黄意等,2005),相应的回归模型构建如下:

假定 x 是自变量，p 是模拟因变量 y 发生的模型响应概率（未发生响应概率为 $1-p$），并把 p 看作自变量 x_i 的函数。很显然，从数学上看函数 p 对 x_i 的变化在 $p=0$ 或 $p=1$ 附近是不敏感的、缓慢的，且非线性程度较高。于是要寻求一个 p 的函数 $\theta(p)$，使得它在 $p=0$ 或 $p=1$ 附近时变化幅度较大，而函数的形式又不是很复杂。这里引入 p 的 Logistic 变换 $\theta(p)=\ln[p/(1-p)]$，从而建立 p 与 x_i 之间的线性关系，即

$$\theta(p)=\ln\left(\frac{P}{1-P}\right)=\beta_0+\beta_1 x_1+\beta_2 x_2+\cdots+\beta_n x_n \tag{5.1}$$

式中，$p=P(y=1\mid x_1,x_2,\cdots,x_n)$，是在给定系列自变量 $x_1,x_2,\cdots,x_n$ 的值时事件的发生概率；β_0 为常数项；β_i 为偏回归系数。因此，因变量 y 的发生概率 p 可以表达为：

$$p=\frac{\exp(b_0+b_1 x_1+b_2 x_2+\cdots+b_n x_n)}{1-\exp(b_0+b_1 x_1+b_2 x_2+\cdots+b_n x_n)} \tag{5.2}$$

在本研究中，y 表示农户进行废弃地整治的行为，若发生了整治行为则因变量为 1，若农户没有发生整治行为则因变量为 0，x_i 是影响农户土地整治行为的诸多因素。

5.2.2 企业防治行为响应分析

企业作为社会经济微观层次运行的主体，行为受利益最大化目标的影响。企业在新古典经济学中被视为生产函数，在利润最大化目标的驱动下，企业通常认为废弃地的防治是政府和社会的责任，所以对废弃地防治的投资比重较低，因而导致了企业污染废弃地以及企业搬迁后废弃地的形成（孙晓伟，2009）。土地资源是企业的一项重要生产要素，企业在对土地资源要素的获取上寻求成本的最小化，因此只有当企业进行废弃地防治所带来的综合收益大于企业的投入成本时，企业才有可能进行废弃地的防治行为。目前，我国企业对于废弃的防治行为的响应体现在两个方面：

一方面是间接的防治响应行为。这通常是通过政府的干预来实现的。表现在企业用地的集约程度，同时还反映在企业对于排放物即"三废"的处理程度。① 企业用地的集约程度主要反映在企业的占地面积以及企业建筑的容积率。一定规模的企业，其占地面积越大，建筑的容积率越小，则企业对土地低效、粗放利用的可能

性越大；企业的占地面积越小,容积率越高则反映了企业用地的集约程度越高。而企业用地的集约程度体现了企业对于闲置、低效废弃地形成的预防行为。由于企业作为经济主体,追求利润最大化是最终的目标,因此企业的这一防治行为通常是通过政府的干预政策来实现。政府通过对企业用地数量供给的控制以及对企业获取土地成本的提高,使得企业获取用地的成本增加,进而抑制了企业的占地行为,间接地起到了预防闲置、低效废弃地的产生。② 企业的选址。企业的选址与企业的区位是紧密联系在一起的,企业的选址行为不仅仅影响到企业自身效益的实现,同时对于周边生态环境也有着重要的影响,尤其是化工等对环境有污染性的产业。因此在企业选址时,通过政府的干预,使得企业通过对闲置等废弃地的改造整治来进行建设,同时在区位上对排放污染性废弃物的产业进行控制,这样既达到了废弃地的整治利用,实现了用地内涵挖潜、集约节约利用的原则,同时对于污染性废弃地的产生在范围上进行了缩小与局部的控制。

另一方面是直接的防治响应行为。其主要体现在企业对于产生的废弃地采取复垦整治行为。这类响应行为主体主要是资源开采型企业,当资源开采枯竭时,在开采地产生了大量的塌陷、挖损等废弃地,该类企业在循环经济理论的指导下力求"资源—产品—废弃地(物)—再生资源—再生产品"的物质闭环循环的生产方式,从而达到资源的再生利用,同时进行了废弃地防治。我国的皖北煤电集团已开展了复垦采煤塌陷地,发展种植与养殖相结合的生态农业工程,现已复垦采煤塌陷地17 000多亩,改善了矿区的生态环境,复垦后的土地交给农民耕种或养殖,为农民创造了福利。对于不能从事农业或渔业的3 000多亩塌陷区,采用矸石充填、多年沉积等办法,实现建起了污水处理厂、面粉加工厂和休闲娱乐场所。该类防治行为不仅实现了废弃地的复垦整治,同时增加了土地资源数量,改善了生态环境(邹磊等,2009)。

5.2.3 政府防治行为响应分析

政府作为区域土地利用的宏观主体,对区域土地资源的配置实行着宏观调控管理。政府对废弃地的防治行为主要体现在供地管控、政策法规以及整理规划等。目前已针对土地利用的过程中出现的各类废弃地,制定出台了相关的政策条例。比如在1999年提出《闲置土地处置办法》,对闲置废弃地的处理进行了明确的规定;《土地利用年度计划管理办法》对于年度的用地计划进行了严格的控制等,具体的政策法规以及整理规划等见表 5.1。

表 5.1　废弃地防治的政府行为

政府行为	主要内容
1998年《中华人民共和国土地管理法》	明确规定了禁止单位和个人撂荒耕地;每户只能有一处宅基地的
1999年《闲置土地处置办法》	该处置办法对于闲置土地的界定、闲置时间以及处置方法进行了明确的规定
1999年《土地利用年度计划管理办法》	国家对年度计划农用地转用计划、土地开发整理计划指标等都予以严格的控制
2002年《农业综合开发土地复垦项目管理暂行办法》	国土资源部组织实施的对各项生产建设造成挖损、塌陷、压占等破坏的土地进行复垦
2002年《土地开发整理规划工作的通知》	以内涵挖潜为重点,以全面复垦新增工矿废弃地,提高废弃地复垦率,促进土地资源集约、合理利用为目标,确定土地开发整理的任务
2003年《关于清理各类园区用地加强土地供应调控的紧急通知》	严控国土部门对园区的供地的用途以及数量,过量供应的地方进行认真清理;严禁任何单位、个人与农民签订协议圈占土地;加大土地出让后的监管力度,防止企业圈地行为的发生
2004年《清理整顿现有各类开发区的具体标准和政策界限》	对各类开发区进行整改,切实解决开发区过多过滥、违规用地等突出的问题;对于占地过多的要进行整合;对于长期得不到开发、闲置的土地依法收回等
2004年国务院发布了《关于深化改革严格土地管理的决定》	严禁闲置土地,并提出了闲置土地处置的六种办法;相应地各地方政府也出台了详细的闲置土地处置的条例规定;例如昆山市政府2004年颁发了41号文《昆山市闲置土地处置办法》,并制定了实施细则
2005年《矿山生态环境保护与污染防治技术政策》	用于矿产资源开发规划与设计、矿山基建、采矿、选矿和废弃地复垦等阶段的生态环境保护与污染防治
2006年《关于坚持依法依规管理节约集约用地支持社会主义新农村建设的通知》	在新农村建设中,充分利用村内空闲地、闲置宅基地等存量建设用地,充分利用低丘缓坡和"四荒地";坚持建新拆旧,积极推进废弃地和宅基地复垦整理等
2007年《关于加大闲置土地处置力度的通知》	通过收取土地闲置费来促进闲置土地的利用;依法收回闲置土地;违法审批而造成闲置的完成清退等措施
2008年《关于严格建设用地管理促进批而未用土地利用的通知》	促进城市新增建设用地即时有效供应并得到充分利用,依法纠正和遏制违法违规使用农村集体土地等行为;加强建设用地批后监管,切实预防和防止未批即用、批而未征、征而未供、供而未用等现象的发生
2009年《城乡建设用地增减挂钩试点管理办法》	将若干拟整理复垦为耕地的农村建设用地地块和拟用于城镇建设的地块等等面积共同组成"建新拆旧"项目区,通过建新拆旧和土地整理复垦等措施,提高耕地质量,节约集约利用建设用地,达到城乡用地布局更合理的目标
2010年《关于进一步完善农村宅基地管理制度切实维护农民权益的通知》	加强规划计划控制引导,合理确定村庄宅基地用地布局规模;严格宅基地面积标准,合理分配宅基地;严控总量,盘活存量,逐步引导农民居住适度集中;因地制宜地推进"空心村"治理和旧村改造等措施

5.3 废弃地防治行为与土地利用的耦合

5.3.1 耦合的途径——参与式规划

废弃地是土地利用主体在利用土地的过程中所产生的土地利用的负面形态，废弃地的形成影响着整个土地利用系统可持续的有序发展，破坏了土地生态子系统的平衡发展，抑制了土地经济子系统的持续发展，影响了社会子系统的协调发展，进而导致整个土地利用系统处于无序、混乱的不可持续的发展状态。为了保持土地资源的可持续利用，促进土地利用的生态效益、社会效益以及经济效益的协调统一发展，必须进行废弃地的防治。废弃地是由于土地利用主体行为的不合理而产生的，由此可见废弃地的防治力度主要取决于导致废弃地形成的主体的行为。在上文中已经对于形成废弃地的主体的防治行为的响应进行了分析，可知农户、企业以及政府行为响应的共同目标是增加土地资源，改善生态环境，节约集约利用土地。在第十届全国人民代表大会第五次会议上，温家宝总理做政府工作报告时明确指出，"节约集约用地，不仅关系当前经济社会发展，而且关系国家长远利益和民族生存根基。在土地问题上，我们决不能犯不可改正的历史性错误，遗祸子孙后代。同时并强调要提高土地利用效率和集约化程度。"由此可见，当前废弃地的防治行为体现了集约节约利用土地的根本要求，且农户及企业等主体防治行为的响应程度直接决定着废弃地防治的广度与深度。

土地开发整理规划是指在土地利用总体规划的指导和控制下，对规划区内未利用、暂时不能利用或已利用但利用不充分的土地，确定实施开发、利用、改造的方向、规模、空间布局和时间顺序（彭补拙，2003）。政府针对现存的废弃地现象，推行了土地整理规划，2002年由国土资源部发布的关于《土地开发整理规划工作的通知》，以内涵挖潜为重点，以全面复垦新增工矿废弃地，提高废弃地复垦率，促进土地资源集约、合理利用为目标，确定土地开发整理的任务。土地开发整理规划的最终目的是将废弃地转变为可资利用的土地资源，土地开发整理是将废弃地转变为可利用土地的主要途径，而土地开发整理规划是保证该途径有效实施的主要手段。然而，废弃地防治的行为主体作为独立的经济主体，其对经济利益的追求对于废弃地的防治行为有着一定的影响，且主体的行为通常代表了个体的需求方向。当主体间的利益互相冲突时,将阻碍主体对于废弃地的防治行为,进而影响废弃地的整治利用以及防止现利用土地向废弃地转化的力度。为了保证废弃地更为合理地开发整理,以转变为可用的土地资源,本书基于土地开发整理规划的理论基础,结合废弃地防治的主体行为,引入了参与式规划理念作为废弃地防治行为与土地利用的耦合途径(见图5.1),实现了废弃地防治与土地利用之间的耦合,以达到土地资源的集约节约利用和土地利用系统的可持续发展。

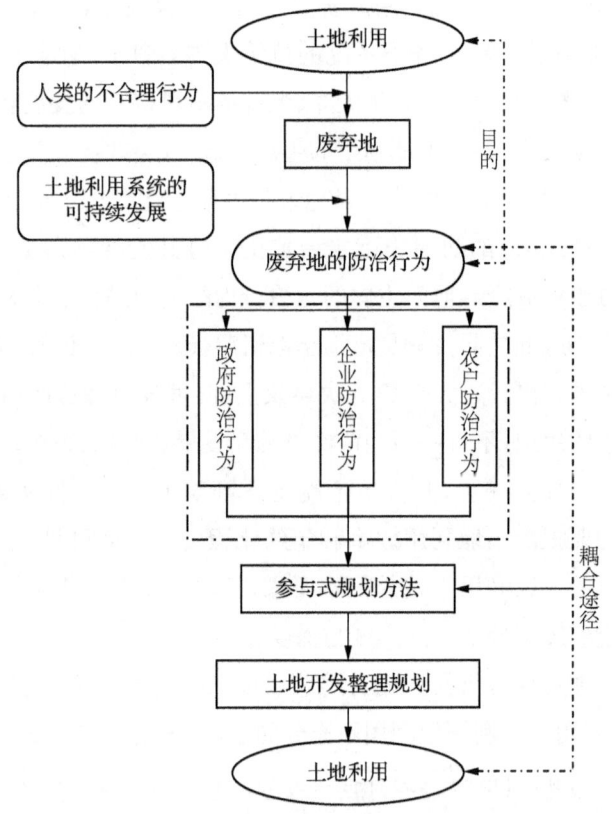

图 5.1　废弃地防治行为与土地利用的耦合

5.3.2　参与式规划概述

1) 参与及参与式理论

从学术的角度来看,"参与"的概念大概起源于20世纪40年代末期,经过20多年的实践应用,参与的概念才逐渐趋于成熟,其内涵是指通过一系列正规和非正规机制直接使公众被赋予权利和行使权利的过程,参与的本质是分担、分享、共担和共享(李小云,2001)。参与式就是让发展主体积极、全面地介入发展的全过程,即参与具体发展项目的选择、规划、实施、监测、评价、管理以及利益分享的过程(黄琦,2008)。20世纪60年代以后逐步发展起来的参与式发展理论是一种微观的发展理论,与现代化理论相比,它主要强调尊重差异、平等协商,且在"外来者"的协助下,通过当地众多成员的积极、主动的广泛参与,实现可持续的有效益性的可供广大成员共享的成果(Miehael Murray and John Green,2002)。参与式发展理论的基本原则体现在:① 构建伙伴关系;② 尊重乡土知识和群众的技术与技能;③ 不仅仅看重结果,也重视项目的过程。参与式发展思想的核心在于:以人的发展作为发展的焦点,将人作为发展过程中的主体。只有人的发展得到强化的发展方式,才是可持续的发展(黄琦,2008)。

参与式发展理论在我国的起步相对较晚,直到20世纪90年代才被引入国内,时至今日,有关参与式理论的研究日趋成熟,越来越多地学者对其进行了实践以及理论的研究。张庭伟(1999)在社区规划中提出社区组织为居民代表参与到社区规划中提供了条件;而叶敬忠等人(2005)指出有些时候农民的乡土知识比先进的科技知识在发展中的贡献更为有效、更有可持续性,因而在参与过程中,要注重当地人民的乡土知识。但承龙等(2002)提出借鉴国外的公众参与方法,克服规划"自上而下"编制的缺陷,吸收"自下而上"编制的优点等,都体现了我国学者对于参与式理论的应用研究。

2) 参与式规划

在20世纪80年代,随着参与式发展理论的确立,参与式规划方法也逐渐兴起,取代了传统的自上而下的规划方法。参与式规划方法是强调主体参与的可持续发展过程,它将解决问题和行动作为主体参加的导向。参与式规划中的"参与"是指当地农民有自愿、积极和民主地参加确定发展目标和建设项目、制定有关政策,自我组织与协调、贡献自己的知识、选择与实施项目建设内容、控制危害与分享发展成果、监测与评价、承诺与责任等主体行为。参与式方法强调共同商议、平等合作、相互学习、受益确定等核心要素(胡加林等,2002)。可见在参与式规划中,"参与"既是重要的基本手段,以改善规划的质量,协助当地群众实施和接受项目;本身又是其活动的最终目的,以增加群众在发展活动中的发言权和决策权(赖力,

2004)。

参与式规划方式目前已被应用到各个不同的领域,从自然保护与生态恢复研究到农业、林业以及卫生保健、教育等。参与式规划方法在土地利用规划中也得到广泛地应用。参与式土地利用规划是基于所有利益相关者之间对话的一个反复与递进过程,目的在于协商和决策农村地区土地利用的可持续方式并加以实施(GTZ,1995)。李江华等(2005)提出参与式土地利用规划是在土地使用者的积极参与和其他利益群体的协调下对规划区域系统的社会、经济、自然条件和土地利用状况进行评价分析,共同协商和决策区域可持续的土地利用主要方向和方式,在此基础上形成土地利用结构和土地利用规划方案,并加以实施、管理、监测、评估和再规划、再实施的过程。目前,参与式土地利用规划方法已在我国许多省份得到了推行应用,比如在许多中西部省份进行的生态退耕、土地可持续利用等项目研究中,都引入了参与式土地利用规划方法(李江华等,2005)。

从2000年开始我国土地整理的规模逐渐扩大,经过近几年来的发展,我国的土地整理已逐渐迈向成熟的发展阶段,与此同时参与式方法也逐渐应用于土地整理规划研究之中。土地整理涉及面较广,工程量大,是一项有利于我国提前实现农业农村现代化的基础工程,也是一项确保耕地占补平衡,提升工业化,推进城市化的实施工程。当前的土地整理规划体现了生态性、民本性、多向性、综合性的要求,从原来单纯的增加土地面积变为水、路、林、房、田综合整治,规划上更加注重便民利民。因此在土地整理的过程中,不仅需要熟悉工程、生态等方面的人士,也需要了解当地历史文脉的人士,尤其需要土地的直接利用者农民的加入。可见将参与式规划方法引入到土地整理规划之中,是实现土地整理规划公众参与的主要方式和途径。

废弃地是土地利用的各主体在利用土地的过程中产生的,因此废弃地防治的主体行为决定着废弃地防治的广度与深度。然而,废弃地防治的主要目的是将不可利用的废弃土地资源通过一定的主体行为转化为可利用的土地资源,以便投入到土地利用之中。可见废弃地防治的最终目的是实现土地的利用。根据参与式规划的内涵可知,其是强调主体参与的可持续发展过程,充分体现了主体的行为,是废弃地防治行为与土地利用耦合的最佳途径,可将废弃地防治的主体行为应用于参与式规划之中,最终达到土地利用的目的。因此本书将基于土地开发整理规划,通过引入参与式规划方法,实现废弃地防治行为与土地利用耦合的目的。

5.3.3 废弃地防治的参与式规划框架的构建

1) 参与式土地整理规划的主要特点

现阶段,在实践中已成功应用的废弃地整治方式多种多样,废弃地的类型不同,所采取的整治方式以及整治的目标方向也就不同。比如对于污染地的整治,通常采用生物植被的修复方法;对于矿区废弃地通常采用生态修复的方法(张雨曲,2009)等,然而这些整治都是由政府出面组织进行的整治,农户作为农村土地的直接利用主体,其行为在废弃地整治过程中没有体现。废弃地可以说是土地利用的一种特殊形态,它的产生与人的行为密切相关。因此,本书为了对废弃地进行更为全面及时的整治,将能体现多主体行为的参与式规划方法引入到废弃地防治的土地整理规划中。参与式土地整理规划与以往规划最大的不同在于它强调一种"自下而上"的规划设计方法,通过与当地的人们进行访谈,了解当地的风土知识,激励当地人进入到整理的决策以及实施中,使得规划更加符合当地人们的需求,协调各参与主体的利益,力使综合效益最大化。参与式土地整理规划的主要特点如下:

(1) 主体的广泛参与性

参与式规划是以土地利用的微观主体为核心,尤其是农民,其在参与式规划中是一至关重要的主体。通过参与式的方法和工具可使区域土地利用的相关主体参与到对当地自然条件、土地利用状况以及废弃地现状等的评价中,同时对于农民以及其他主体的意愿、遇到的问题以及利益需求进行综合地分析规划,最终使得各主体利益最大化。

(2) 主体参与的可持续性

参与式规划中的主体是利益相关者,为了自己切身利益的参与是持续性的。参与过程主要包括:土地整理规划的所有步骤;沟通和对话的整个过程;不同群体通过协商机制共同解决彼此的冲突并达成共识(王晓军,2007)。

(3) 利益冲突的协调性

不同主体的利益需求和目标是不一致的,这会引起利益间的冲突,因此参与式土地整理规划方法强调通过协调、交流达成共识,进而解决问题和制定决策,通过协调制定能满足每个主体利益的方案策略。

(4) 参与主体的赋权和自觉性

参与主体自觉地、独立地参与整理活动是参与式规划的最高程度;自觉性是指利益主体比如农民自发推进参与过程,无需政府的支持等行为,其本质是土地的利益主体获得土地利用的决策控制权;赋权作为参与的核心,是主体的决策权利在参与活动过程中的再分配受政府的推动和控制。

2) 参与式规划的框架

针对区域内废弃地的现状及特点,依据废弃地防治的目标,首先确定参与式土地开发整理规划的目标。在此基础上,选择参与的主体,界定参与的内容、参与的工具以及参与的步骤,以达到最大程度、最科学合理地开发整理废弃地,并最终使其达到可利用的土地资源的状态。参与式土地开发整理规划的框架如图 5.2 所示。

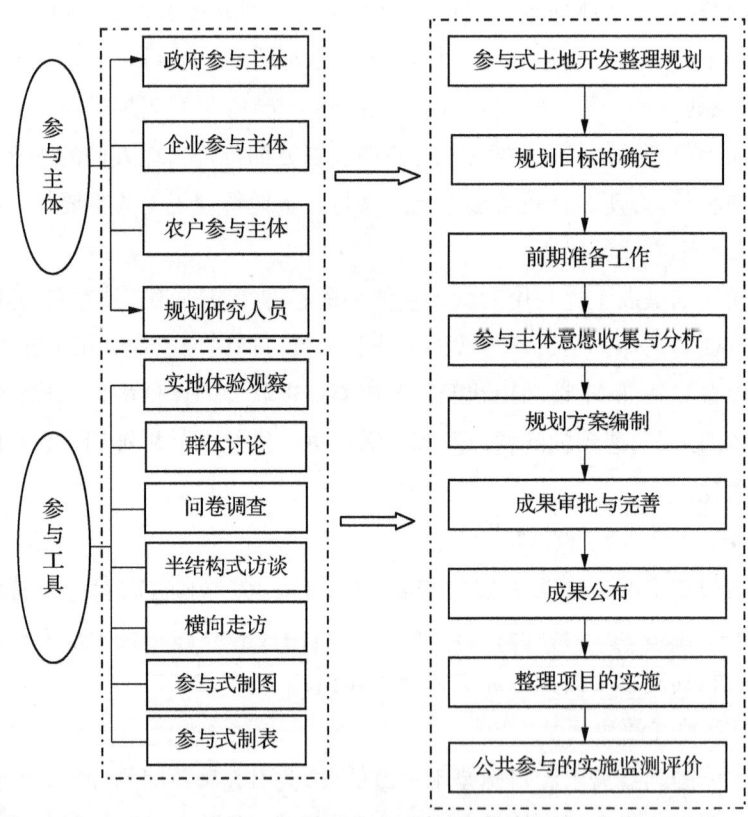

图 5.2 参与式土地开发整理规划的框架

在废弃地防治的参与式土地开发整理规划中,参与的主体应该结合废弃地形成的主体,通过分析废弃地形成的主体行为,才能更为清晰地认识到参与主体应该参与的内容以及意愿状态。结合前面的分析，本书选择参与的主体为企业参与主体、农户参与主体、政府参与主体以及规划研究人员。对于企业而言，其在多方面的行为都将影响着废弃地产生，因此为了防止企业做出形成废弃地的行为，必须了解企业的需求意愿以及企业产生废弃地的原因，然后从控制企业产生废弃地行为的源头入手，进行废弃地防治的研究；通过了解企业产生废弃地的方式过程，为废弃地的整治提供参考；在对意愿需求分析的基础上进行整理规划活动。对于农户而言，农户是我国农村土地的直接经营者，可见农户的参与对于废弃地整理尤为重要。通过访谈了解农户行为对于废弃地形成的影响作用，通过对农户的问卷调查来分析农户对于废弃地防治的意愿问题，农户的参与对于农户群体需求的实现以及整治方案的提出都有着重大的影响。政府一直作为土地整理规划的宏观管理部门，它的参与程度决定着整理项目的实施力度。政府的宏观管理调控机制也是保障各项规划环节顺利实施的关键。规划研究人员是土地开发整理的主要技术决策者，同时也对土地开发整理的方向等有着直接的影响。

参与式工具是参与式主体参与到整理规划过程中的方法途径，包含有：

实地体验观察：对当地的自然资源、社会发展概况以及群众的生活方式等做细致的考察，研究人员通过向当地群众学习，切身参与到当地人的生产和生活中。

群体讨论：通过建立讨论组，组织组员随意无特定目的的广泛讨论与社区生活相关的各类主体。

问卷调查：采用比较简单的调查方法，以了解和统计群众自身认知和意见。

半结构式访谈：是一种通过与访谈对象直接交流而获得信息的方式，是一种开放、交互式的访谈形式。

横向走访：对调查区进行沿线走访，对不同社区的各个方面进行直接观察、问询情况、倾听群众反映、总结和归纳。

参与式制图：公众参与绘制项目区资源图、社会图等图件，这也是参与式农村评估的工具。

参与式制表：包括公众绘制大事表、农事历、每日活动安排表、排序等，这也是参与式农村评估的工具。

5.4 本章小结

本章从土地利用系统的角度入手,分析了废弃地的形成对土地利用系统产生的影响。在此基础上,进行了废弃地防治的主体行为响应分析,分别对三个主体即农户、企业以及政府的废弃地防治的行为响应进行了分析。最后对于废弃地防治行为与土地利用的耦合途径进行了分析,即参与式规划。其结论主要为:

(1) 废弃地对土地利用系统的影响

通过对土地利用系统的概述,分析了废弃地的形成对土地利用系统各子系统的影响。结果表明,废弃地依附于环境子系统,它的形成导致土地生态功能的退化;社会子系统作为体现人地关系的子系统,废弃地的形成影响了土地利用的社会效益;同时废弃地的形成制约了土地利用经济子系统的发展,可见废弃地的形成导致土地利用系统处于一个无序的不可持续的发展状态。因此得出废弃地防治的关键目标在于保证土地利用各子系统之间协调统一的和谐发展。

(2) 废弃地防治的主体行为响应

在对废弃地形成的微观机理分析的基础上,对废弃地防治主体的行为响应从农户、企业和政府三个主体的角度出发进行了分析,结果表明:① 农户的废弃地防治行为主要受农户自身的属性因素和外部环境因素两方面的影响,对农户的废弃地防治行为构建了 Logistic 回归模型;② 企业防治的行为响应体现在两个方面:一是间接的防治响应行为,通过企业的用地集约程度和企业的选址两个方面来反映;二是直接的防治响应行为,主要体现在企业对废弃地进行的复垦整治行为;③ 政府的防治响应行为主要体现在供地管控、政策法规以及整理规划等政策方面。

(3) 废弃地防治行为与土地利用的耦合

在废弃地防治的主体行为响应分析的基础上,梳理了废弃地主体防治行为与土地利用耦合的途径,即参与式规划。继而通过对参与式规划理论的概述,结合土地开发整理规划的理论基础,基于废弃地防治的主体行为,构建了参与式土地开发整理规划的框架。

6 实证分析——以徐州市大吴镇和苏州市高新区为例

伴随着社会经济的快速发展,土地资源的供需矛盾日益尖锐。然而,近年来废弃地的数量却在不断增加,这不仅造成了土地资源的浪费,同时也破坏了生态环境,阻碍了土地利用系统的可持续发展。在前文理论分析的基础上,本章以江苏省为例,结合江苏省的实际情况,选择省内废弃地的两种典型代表类型,即矿业产生的损毁废弃地以及经济发达区域的闲置废弃地进行实证分析。本章选择徐州市贾汪区大吴镇作为矿区产生废弃地的实证区域,以苏州高新区作为经济发达区域形成废弃地的实证区域。

6.1 区域概况及数据获取

6.1.1 大吴镇区域概况

大吴镇位于东经117°24′、北纬34°21′,是徐州市区的东郊,贾汪区的南大门,距徐州市主城区、徐州市新城区分别为20 km,距贾汪区政府驻地10 km,距观音机场30 km、陇海铁路20 km、距连霍、京福高速出口6 km,紧邻京沪高铁徐州站。东与紫庄镇接壤,北与徐州工业园毗邻,西接徐州市经济开发区,南与铜山区大庙镇、徐庄乡搭界。全镇总面积66.12 km²,辖19个行政村、1个农场、3个街道办事处,总人口为8.9万人。京杭大运河、不牢河横贯境内,206、310国道纵横镇域,津浦铁路支线伸入镇内矿区,徐连一级公路从镇界内傍依而过(见图6.1),陆路、水陆交通十分发达。

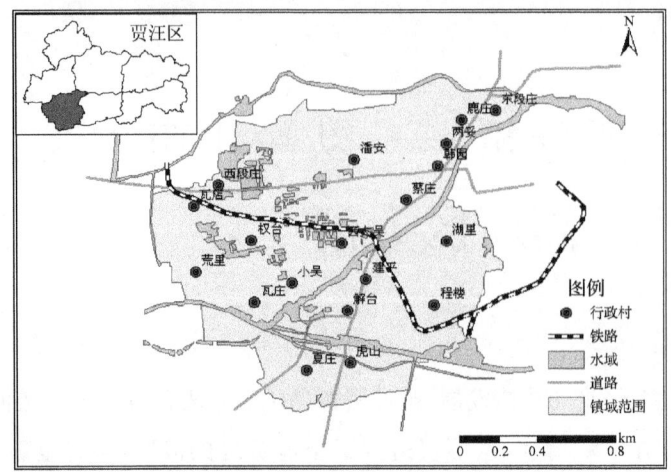

图 6.1 徐州市贾汪区大吴镇区位图

1) 自然概况

大吴镇地处黄泛冲积平原,自然资源丰富,气候温和,土质肥沃,水源充足,物产丰富。丰富的自然资源和优越的自然条件为资源的开发利用提供了良好的条件。然而,在资源开采带动地方经济发展的同时,由于一些不合理的土地利用方式以及资源开采方式给地方的发展带来了一些负面影响。其自然概况可简要概述为以下几个方面[①]:

(1) 地势地貌

大吴镇由于历代受黄河决口的影响,除镇南部夏庄村、虎山村有小面积的丘陵外,其余皆是黄泛冲积平原。地势西高东低,以六千分之一的坡度由西向东倾斜,京杭运河、不牢河经中部和南部横贯全境。平原海拔高程在 31~36.3 m。丘陵地带有虎山、庙山、大庙山、马山、驮蓝山五座山头。

(2) 土壤

大吴镇全镇除南部边缘的白马山、虎山、驮蓝山、大庙山四座石灰岩低山及虎山南侧边角有 100 余亩不能行犁、土层仅为 30~60 cm 的零星红土外,其余均为黄泛冲积物生成的黄潮土和盐化潮土。其中:南部广大地区为沙质土壤;北部 310 公路以北及西段南侧为淤土,呈东西条带状;310 公路南侧即东段北侧为淤性土、沙

---

① 资料来源于《大吴镇镇志》。

土和淤土的过渡带；黄潮土面积不大，分布在南部近山地方及沙、淤土过渡地带；盐化潮土分布在矿井边缘以及塌陷地周围，呈盐卤碱土和瓦碱土两种类型，一部分经多年治理和种植已经脱碱。

(3) 河流与矿藏

大吴境内京杭运河、不牢河像两条玉带，由西向东南穿境而过。自然水源来自微山湖，上游最高水位为 31.98 m，下游最高水位为 29.22 m。冬季结冰期一般为 20 天。河水曾经干涸，现主要靠长江水北调稳定水位，保证船只航行；贯穿于大吴中心的不牢河，发源于微山湖畔，原为季节性河流，在 1958 年整治京杭大运河时大部分河段被分段利用。不牢河常年有水，平均流量每秒 1 m^3，河床标高 24.8 m，最高洪水位 30.44 m。大吴境内地下煤炭资源丰富，地质勘探部门目前已探知储藏量约为 1.9 亿 t，在 20 世纪 50 年代末，建成旗山、权台两座国有现代化大型矿井，20 多处地方小煤矿从 1978 年开始，也陆续建成投产。据江苏省煤炭总公司批文计算，地方煤矿拥有储量为 950 万 t，已开采 410 万 t，剩余量为 540 t。

(4) 气候

大吴镇距黄海约 220 km，是大陆性气候和海洋性气候的过渡地带，属暖温带湿润和半湿润气候，其特征是气候温和，光照充足，四季分明，热量丰富。年平均气温 14 ℃，7 月最热，平均 27 ℃；1 月最冷，平均 −8 ℃。年日照平均数为 2 396 小时。年平均降雨量为 874.6 mm，6～8 月份为雨季，雨量占全年的 59% 以上，11 月份至次年的 2 月份为旱季。全年无霜期为 206 天。

2) 社会经济概况

大吴镇历史悠久，早在春秋战国时期即已形成村庄。改革开放以来，随着国家经济的快速发展，大吴镇的经济也上了新的台阶。2013 年，全镇 GDP 总量达 42 亿元，财政收入 5.12 亿元，系全国重点镇、全国千强镇、全国最具投资潜力乡镇 500 强、全国新农村建设百名典型镇、江苏省文明镇、徐州市"十强镇"。在工业经济方面，大吴镇按照"招商引资上项目，突出特色抓调整，集中产业建板块"的发展思路，加大招商引资上项目的力度，并成为徐州市的重要工业基地，重点发展高新技术、工程装备制造业、建材业、家具业、物流业、现代农业和特色旅游产业，具有较强的区域中心城镇辐射力、吸引力和带动能力。在发展经济的同时，按照"工业向园区集中，农民向城镇集中，居住向小区集中"的"三集中"原则，坚持不懈地抓好新农村建设,加速农村城镇化进程,倾力打造清新、优美的人居环境。

6.1.2 高新区区域概况

苏州市高新区位于苏州古城西侧,东临京杭大运河,南邻吴中区,北接相城区,西至太湖。行政总面积 223.36 km²,距苏州古城区约 3 km,到 2014 年末全区户籍人口 35.85 万人,暂住人口 36.76 万人。下辖狮山、枫桥、横塘、镇湖、4 个街道及浒墅关、通安和东渚 3 个镇,下设苏州科技城、浒墅关经济开发区、苏州高新区综合保税区、苏州西部生态城。其地理区位位置见图 6.2。

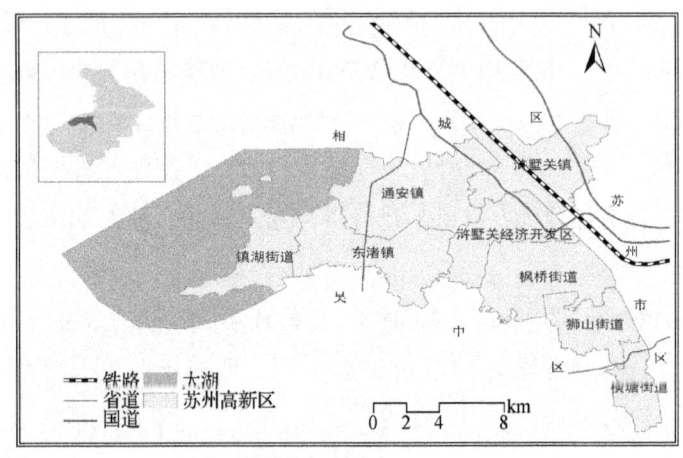

图 6.2 苏州市高新区区位图

1) 自然概况

苏州高新区属于长江三角洲太湖冲积平原,地势高而平坦,大致呈西高东低,吴淞标高 4.88~5.38 m,绝大部分为第四系沉积的一般性黏土。地质构造属华南地台,由石灰岩、砂岩和石英岩组成,地质特点为小山地多,地质稳定,地耐力强。地处中纬度地区,太阳高度较大,日照充分,气候温和湿润,四季分明,雨量充沛,属亚热带季风海洋性气候,春秋短,冬夏长,年平均气温 17.7 ℃。河道一般呈现东西和南北向,南北向河流主要有京杭大运河、大轮浜、石城河和金枫运河,东西走向河流主要有马云河、金山浜、金枫运河、大白荡和浒关运河,以上为通航河道,其他大多为不通航河道。区内河流受天然降雨、长江及太湖的补给、人为控制等多种因素的影响,水流变化复杂。土地肥沃,物产丰富,是江南富庶的鱼米之乡,境内大片水稻土肥力高、产量稳,成为太湖平原的典型。

2) 社会经济概况

苏州高新区作为苏州市的一部分，与古城既密切联系，又相对独立，苏州新城区、国家高新技术产业开发区、经济开发区是"三位一体"的具有城市功能的一新市区。苏州高新区 2014 年完成地区生产总值 950.28 亿元，国家资产投资总额为 526.05 亿元，工业总产值达到 2 818.23 亿元，城镇居民人均可支配收入 38 981 元，农民人均纯收入 26 477 元。高新区交通便利，距上海虹桥国际机场 90 km、浦东国际机场 130 km，距上海港 100 km、张家港港口 90 km、太仓港 70 km、常熟港 60 km，沪宁高速公路、312 国道、京沪铁路、京杭大运河和绕城高速公路从境内穿过，太湖大道横贯东西。

苏州市高新区是苏州市委、市政府遵照 1985 年国务院关于苏州城市总体规划批复"保护古城风貌，加快新区发展"的指示，于 1990 年开始开发建设，1992 年被国务院批准为国家高新技术产业开发区。苏州高新区是苏州城区未来建设的主要方向，将发展成为现代化新区，未来将主要依托地处西部的区位、资源和产业优势，建设成为以高新技术产业、旅游休闲观光、国际科研中心、大型会议会展中心和高品质居住为主导的，融现代文化和传统文化为一体的科技、文化、生态、高效的体现苏州城市特色的现代化新城区。自 2002 年区划调整以来，苏州高新区全面实施"二次创业"，按规划大力实施"北扩西进、聚焦科技"战略。该区域自进入 21 世纪以来一直处于开发建设之中，因而土地资源利用主要存在着土地开发力度大、耕地减少较快、土地消耗较多、土地供应不足以及基本农田保护任务重等特点。

6.1.3　数据获取

1) 大吴镇数据获取

大吴镇作为矿区废弃地的数据获取分为两部分：一是宏观层面的社会经济数据的获取，该部分资料来源于《大吴镇志》；二是微观层面的废弃地相关数据资料的获取，该部分资料主要采取面和点相结合的调查方式，通过以村为单位的村级调查和以农户为单位的农户调查来获得更为详细的数据资料。

实地的调研数据收集共分两次完成。首先在 2009 年 6 月 20 号～2009 年 7 月 8 号进行问卷的初步设计，并在实地进行预调研，与当地相关工作人员进行访谈了解，同时收集研究区的二手资料。在 2009 年 7 月中旬至下旬，正式开始对村级和农户的问卷调查。本次调查实行农户和村集体干部两级的问卷调查,村级问卷是以发放给村干部的形式进行,等回收问卷整理后再与村干部进行信息的反馈与交流;而农户问卷则根据预调研对问卷进行调整修改,之后进行与农户的访谈调查。本研究采用分层抽样与典型调查相结合的方法,对大吴镇19个行政村的农户进行了随机访问调查,与农户进行面对面的访谈,共访问331户农户,获得有效问卷327份,问卷有效率达98.7%;而村级是以每个行政村为对象进行,总共获得了19份村级问卷。调研的具体流程如图6.3所示。

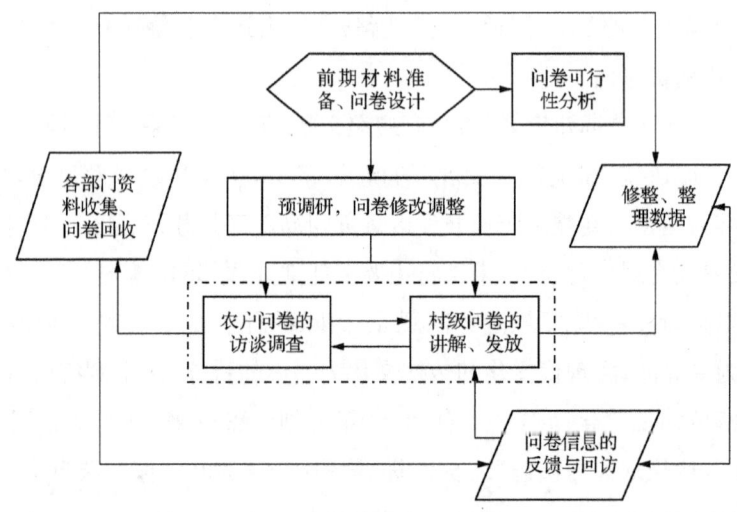

图6.3 数据获取调研流程图

针对村集体干部设计了客观性问题的问卷,以便了解每个村的废弃地的现状情况以及产生的原因等。问卷从土地利用的角度出发,以不同类型土地的利用活动可能产生的废弃地入手,调查目前村内废弃地的现状,问卷的内容主要包括行政村的基本概况;废弃地的存在情况;数量的大小(为了资料的可获取性,将村内可能存在的废弃地数量值设为区间约值供村干部选择);已有废弃地的形成原因;废弃地防治的对策等。

为了掌握更多的有用信息,农户问卷由客观性问题和开放性问题组成,力求二者相互补充。农户问卷设计包括4方面的内容:一是农户家庭构成,包括被调查者以及家庭成员的人口统计特征、社会属性以及家庭的收支状况;二是农户土地利用基本情况,包括农户家土地是否存在废弃地,废弃地目前的利用状态以及整治状况;三是农民对于废弃地整治与利用的意愿态度,涉及愿意或不愿意整治的原因、愿意或不愿意利用整治废弃地的原因以及最期望获得的补偿方式等内容；四是对于因塌陷而导致的失地农民对未来的打算以及希望获得的补偿政策。本次调查问卷经过整理核实后，运用 EpiData 录入软件输入计算机形成数据库，应用数理统计方法进行数据分析。

2) 高新区数据获取

高新区作为经济发达地区废弃地研究的实证区域，其数据的获取方式与上述矿区的获取方式基本相同，都是从两个层面来进行收集，即宏观层面的社会经济数据的获取和微观层面的废弃地相关数据的获取。微观层面的数据也是通过面和点结合的方式，面是指以行政村为单位的面上相关废弃地的调查，该部分资料主要以问卷的方式获得；点是指以农户问卷的形式来获取相关资料信息。其具体的数据调研的组织实施过程参见大吴镇的。与大吴镇不同的是，高新区的调研是先以村为单位的面上问卷调查，然后在对面上问卷调查结果进行初步的分析之后，选取一个具有代表性的典型镇进行农户的问卷调查。此处在通过对面上 48 份问卷分析之后，选定了通安镇作为典型镇进行问卷的调查，通过对通安镇 6 个行政村的农户面对面的访谈形式，最终获得了 161 份农户问卷。

6.2 废弃地分类的实证分析

6.2.1 大吴镇废弃地分类

有关矿区废弃地类型划分的具体分类方法和步骤详见第 2 章，需要说明的是本研究对于类型的划分主要依据对每个行政村的村级问卷调查数据和农户问卷调查数据共同修正确定。在村级的问卷调查中注重考虑村整体的废弃地情况，而农户的问卷调查仅考虑农户自身的用地，通过面上和点上相结合的调查方式来查清整个镇现存的废弃地类型以及概况。此外，在农户问卷调查中将农户拥有的土地以地块数为单位来统计，且将农户的宅基地也看作农户拥有的土地来调查其面积大小和利用情况。

根据对村级问卷的整理分析可知，在镇域范围内由于有矿区的存在，土地受采矿的影响较为严重，采矿形成的塌陷废弃地已成为该区域的主要废弃地类型，同时采矿对农民的生活基础设施和房屋也造成了严重的破坏。据村级问卷的统计,采矿引起的塌陷地分为积水的塌陷废弃地和非积水的塌陷废弃地,同时还有因塌陷破坏的房屋建筑。根据实地的踏勘调查,采矿引起土地的塌陷不仅范围广、数量大,而且破坏程度极为严重,如图 6.4 所示。

根据对村级问卷的统计分析,可知采矿引起的塌陷废弃地的数量占整个区域废弃地的 62%,且以积水塌陷地为主,为 54%,而非积水塌陷地和塌陷房屋各占 21% 和 25%,如图 6.5 所示。积水塌陷地破坏了大量的农田,而且改变了土地生态系统,使其由陆生系统转变为水生系统,加大了恢复利用的难度。此外,闲置未利用的土地在镇域内也是随处可见,主要是闲置撂荒的农地、征而未用地以及闲置的房屋,闲置地在所调查的废弃地中占到 22% 的比重,以闲置撂荒的农地为主。由于煤矸石、尾矿等的堆积以及由于采矿引起的各类活动所导致的污染土地在镇域范围内也大量存在,污染地在所调查的废弃地中约占 15%,污染地的产生不仅增加了废弃地恢复利用的难度,加速了土地的退化,也对人们的生产和生活产生了一定程度的危害。在镇域内还存在由于挖损产生的挖损废弃地,其主要是在修建道路以及其他生产活动中集中取土而形成的挖损大坑,造成了土地破损和土地资源的浪费,但其所调查的废弃地中所占比值较小,约为 1.3%。

图 6.4 大吴镇采矿引起的废弃地

对农户问卷数据的频数统计显示,327户农户共有589块地块,在所有地块中,有153块地是未受破坏现正在利用的地块,145块地是塌陷已整治且现利用的地块,其余291块地分别为闲置、污染、土地质量或土地形态受塌陷影响且目前利用的退化地以及受采矿影响破坏程度不等的损毁地,其中4块地是污染地(1.1亩),3块地是闲置地(1亩),45块地为采矿引起的损毁地,其余239块地都为采矿塌陷引起的退化地(虽在短期内可以进行利用,但其土地质量在逐渐降低,土地生产力不断较少,故将其定义为退化地或塌陷初期土地)。

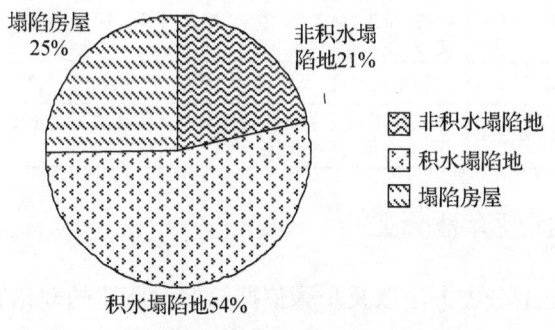

图6.5 塌陷废弃地统计图

汇总面上的村级问卷和点上的农户问卷的信息可知(见图6.6),在大吴镇的镇域范围内,主要存在积水和非积水的塌陷土地、塌陷房屋、污染废弃地、闲置地、挖损废弃地以及农户正在利用的但受采矿影响正在退化的退化地。根据第2章所述的废弃地的分类体系,按照二级分类来划分,可将大吴镇的废弃地类型归总为闲置地、污染地、损坏地和退化地四种,详细的分类体系见表6.1。

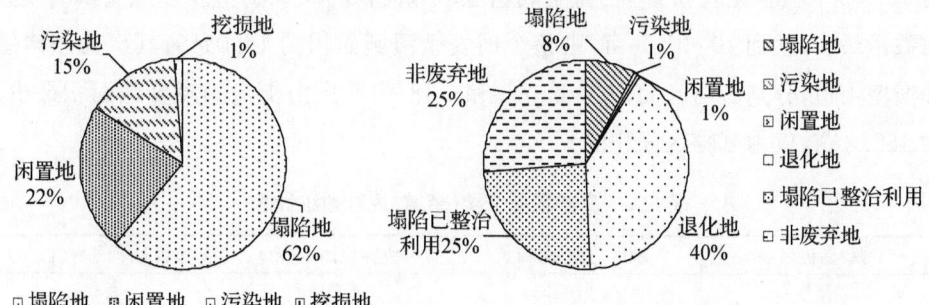

图6.6 大吴镇村级调查和农户调查的废弃地类型比例图

表 6.1 大吴镇废弃地分类体系

类型及代号		内容说明及分布地点
闲置地 A1	空闲地 A11	征而未用地:虎山、段庄;新农村建设中的空闲地:建平、潘安、段庄、湖里
	废弃农用地 A12	撂荒农用地:西大吴、潘安、小吴、段庄、权台、湖里
	废弃建筑物 A13	闲置房屋:虎山、荒里、段庄、湖里、程楼以及瓦庄的矿区工人村
污染地 A2	工业污染地 A21	污染废弃农用地:韩园、小吴、潘安、东段庄、段庄、湖里;受污染的水面:虎山、解台、小吴、潘安、东段庄、段庄、蔡庄、湖里
	压占地 A24	采矿压占地:小吴、湖里、建平
损毁地 A3	塌陷地 A31	非积水塌陷地:小吴、西大吴、潘安、段庄、湖里、夏庄;积水塌陷地:韩园、小吴、荒里、西大吴、潘安、段庄、瓦庄、权台、湖里;塌陷房屋:西大吴、两妥、段庄
	挖损地 A32	工程挖废大坑:大吴、小吴、潘安、段庄、瓦庄、湖里
退化地 B1	其他退化地 B14	正在利用且受采矿影响地力条件逐渐减弱的土地:建平、鹿庄、权台、瓦庄、西大吴、夏庄、湖里、两妥

6.2.2 高新区废弃地分类

高新区废弃地的分类方法以及步骤依据第 2 章所述的理论方法,并以对高新区的实地调查作为分类的基础。对于经济发达地区苏州高新区的废弃地的分类划分主要基于对高新区 3 个镇、4 个街道以及 1 个开发区的实地踏勘调研的,同时结合高新区 48 个行政村的村级问卷来梳理高新区目前存在的废弃地类型。

根据对高新区 48 个行政村问卷的整理分析和实地调查可知,高新区作为经济发达地区,当前正面临着用地逐渐紧张、人地矛盾逐渐加深恶化的发展形势却又同时存在着大量的废弃地。根据问卷调查的结果整理而得,高新区废弃地的总面积为 23 103.71 亩(见表 6.2),占整个高新区区域面积的 6.9%,其中以通安镇的废弃地数量最多,达到 10 601.5 亩,占整个通安镇镇域面积的 16.04%;其次为东渚镇和横塘街道,分别占辖区面积的 6.97% 和 6.48%,而狮山街道的废弃地面积最少,为 188.3 亩,仅占其辖区面积的 0.65%。

表 6.2 高新区各个镇(街道)废弃地统计表

镇/街道名	辖区总面积(亩)	废弃地面积(亩)	废弃地所占比例(%)
东渚镇	54 210.75	3 776.2	6.97
通安镇	66 087.75	10 601.53	16.04
浒墅关镇	51 037.80	2 457.10	4.81
枫桥街道	52 034.85	1 994.34	3.83

续表 6.2

镇/街道名	辖区总面积(亩)	废弃地面积(亩)	废弃地所占比例(%)
镇湖街道	30 295.05	1 207.40	3.99
狮山街道	28 905	188.30	0.65
横塘街道	18 404.25	1 192.65	6.48
浒墅关开发区	36 079.95	1 686.19	4.67

以问卷调查信息为基础,根据实地调研的情况对高新区各镇以及街道内废弃地的类型进行具体类型的统计梳理。结果显示,高新区主要存在的废弃地类型为闲置地,尤其是对通安镇而言,闲置地约有 10 071 亩,约占废弃地总量的 95%;在东渚镇的废弃地中,闲置地约占废弃地总量的 96%,其余几个镇域内的闲置地也都是废弃地的主要组成部分,枫桥街道闲置地占其废弃地总量的比重最低,但也有约 68%。如图 6.7 所示,在高新区各镇/街道中,征而未用空闲地较为普遍,占区域废弃地总面积的 71.73%,通安镇征而未用空闲地占区域总废弃地面积的 86%,而狮山街道的废弃地都为征而未用地。

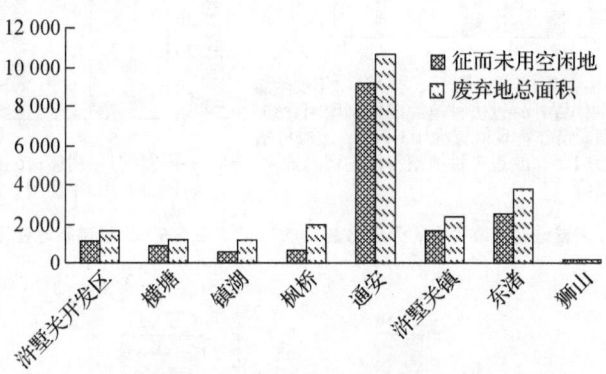

图 6.7 高新区各镇/街道征而未用空闲地统计图

本书通过对 48 份问卷调查的统计分析来修正各类废弃地在各个行政村的分布情况。48 份村级问卷分析的结果显示(农用地撂荒的家庭只分布在 6 个行政村内,占总行政村比例的 12.50%),对于征用闲置的土地,划分不同的时间段来进行分析,征用后闲置一年的废弃地分布在 5 个行政村中,占总调查行政村的 10.42%;征用后闲置 1～3 年的行政村占总调查行政村的 2.08%,征用后闲置 3 年以上的占到 6.25%,可见对于征而未用地其短期使用的行为较为频繁。对于宅基地闲置的统计表明,闲置宅基地的现象在高新区较为普遍,如图 6.9 所示大约 54% 的行政村内有闲置 1 年的宅基地;44% 的行政村内有闲置 1～3 年的宅基地;闲置三年以上的村庄占总行政村的35%。对于闲置工业厂房及建筑物而言,如图6.10所示。闲置1年、1~3年以及3年以上的分别分布在8.33%、10.42%及14.58%的行政村内,可见厂房建筑物的闲置时间较长,且分布的范围也较为普遍,闲置的交通及设施用地在行政村中分布的范围也较广泛,如图6.11所示,约23%的行政村内有交通挖废大坑等挖损地存在,大约17%的行政村内存在水利设施等闲置地。此外,区域内还存在污染废弃地。由以上分析可知,闲置地是高新区范围内最主要的废弃地种类,以空闲地即征而未用、供而未用等所占的比重最大,数量最多;闲置房屋的数量虽然不如空闲地多,但分布范围远远广于空闲地,在高新区范围内几乎超过一半的行政村内有此种情况存在,可见其普遍程度。

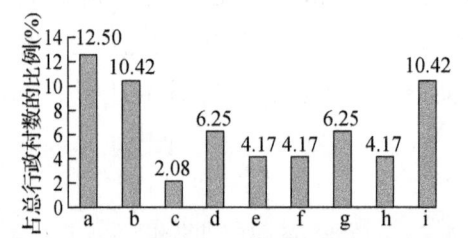

a-农用地撂荒;b-征用1年现闲置;c-征用1~3年现闲置d-征用大于3年现闲置;e-过去种植经济作物现闲置约1年;f-过去种植经济作物现闲置大于3年;g-过去种植粮食作物现闲置约1年;h-过去种植粮食作物现闲置大于3年;i-闲置鱼塘

图6.8　闲置地在行政村中的分配比重

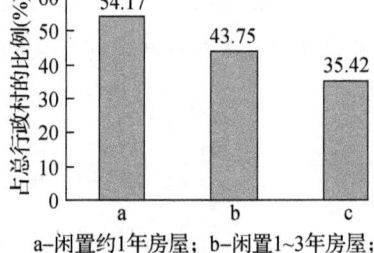

a-闲置约1年房屋;b-闲置1~3年房屋;c-闲置大于3年房屋

图6.9　闲置宅基地在行政村中的比重

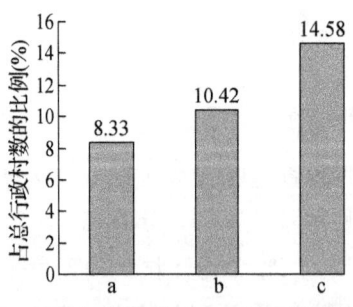

a-闲置约1年工矿用地;b-闲置1~3年工矿用地;c-闲置大于3年工矿用地

图6.10　闲置工厂在行政村中的比重

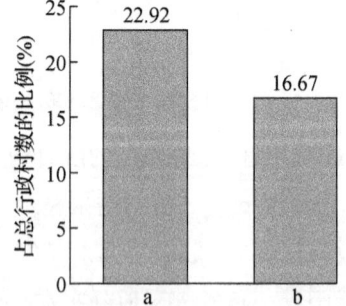

a-工程挖废等交通闲置地;b-水利闲置用地

图6.11　闲置交通及设施用地在行政村中的比例

根据第2章的废弃地分类系统,可将高新区的废弃地划分为三个二级类和六个三级类,详见表6.3。

表 6.3 高新区废弃地分类体系

类型及代号		内容说明及分布的行政村
闲置地 A1	空闲地 A11	征而未用地:树山、太湖、山旺、市桥、新民、牛村、北河、通安、东渚镇域内被征为科技城范围用地
	废弃农用地 A12	撂荒地:新苏、牛村、石帆、上山、新桥、市桥、北河、姚市、大寺、九图;废弃鱼塘:姚市、大寺、上山、新桥、九图
	废弃建筑物 A13	闲置房屋:大寺、黄区、新苏、牛村、下许、长巷、淹马、俞巷里、北窑、街西、树山、新合、庄前、航船浜、东泾、金市、西京、石帆、新桥、太湖、山旺、青凤、上山、姚江、颜家、西村;闲置工业厂房:黄区、树山、东泾、马山、市桥、新桥、上山、新桥、三湖、石帆、山旺、西村、秀岸
	废弃交通及设施用地 A14	废弃水利设施:新苏、牛村、俞巷里、庄前、西村、新民、长巷、颜家
污染地 A2	工业污染地 A21	污染水面:下许、树山
损毁地 A3	挖损地 A32	工程挖废大坑等:阳山、长巷、淹马、俞巷里、庄前、西京、市桥、山旺、新合、下许、秀岸

通过对大吴镇废弃地和高新区废弃地分类的实证分析可知,两个区域都存在闲置地、污染地和损毁地三种类型的废弃地,且矿区主要是以损毁地中的塌陷地为主,占总废弃地的 62%;而经济发达地区的废弃地主要以闲置地中的征而未用地为主,且虽征而未用地的总量最多,但在区域内的分布范围不及闲置房屋广泛(高新区高达 54.17% 的行政村存在房屋闲置的现象)。矿区的污染地主要是由于采矿导致污染的土地以及压占地,而经济发达地区的污染地主要是指工业生产导致的工业污染地。矿区的损毁地可细分为塌陷地和挖损地两种三级类型,以采煤引起的塌陷地为普遍存在的主要类型;而经济发达地区的损毁地主要是指工程建设中的挖损地。此外,根据对实证区域的分析,矿区废弃地类型中还普遍存在着退化废弃地,也即由于采矿引起的土地生产力逐渐降低的土地,而在经济发达地区未出现此类废弃地。可相比较矿区和经济发达地区的废弃地类型可知,矿区的废弃地类型主要是以采矿引起的塌陷地和污染、退化地;而经济发达地区的废弃地主要是在经济建设以及城市化的过程中产生的征而未用地和闲置房屋等类型。

6.3 废弃地的形成机理分析

6.3.1 大吴镇废弃地的形成机理分析

大吴镇矿产资源丰富,镇域内有权台煤矿、旗山煤矿、鹿庄煤矿、新庄煤矿等多个矿务集团。随着地下开采的进行,形成了大量的塌陷地,大量的优质农地被破坏,农民房屋大面积塌裂,严重影响了农民的生活和生产。根据统计,2008 年初大吴镇涉及采煤塌陷村庄有 15 个,塌陷地总面积为 45 811.7 亩,占大吴镇区域总面积的 38.4%,其中稳沉面积为 2 538.2 亩,未稳沉面积为 43 274 亩,后者占塌陷总面积的 94.5%。因采煤塌陷地引起的失地人口(指人均耕地≤0.2 亩)为 21 115 人,占有塌陷的村庄总人口的 43.6%。由此可见,矿产资源的地下开采对土地资源的地表地貌形态造成了严重的破坏,优质农田因地下开采塌陷变成了积水塌陷地,农民房屋塌裂,使得大量农民无地可耕、房屋搬迁,同时也使土壤结构受到严重破坏,许多土地严重返碱、受渍,无法耕种,同时对供电、通信系统等造成了毁灭性破坏,给人民群众生产、生活带来极大困难。矿区废弃地给人类造成了巨大的损失,严重地威胁着人类的生产和生活。依据废弃地的内涵,废弃地是在人们对土地资源利用的过程中产生的,大吴镇作为矿产资源丰富的区域,其镇域范围内的废弃地是人们在对煤矿资源开采的过程中引起的。然而,废弃地的形成不仅仅受人类行为的影响,亦受经济社会发展的影响,因此,在此我们将从两个角度对大吴镇废弃地的形成机理进行分析。

1) 宏观机理分析

(1) 宏观背景分析

近年来,随着经济全球化的发展,大吴镇作为一个以矿业为主的城镇其经济也得到了快速的发展。在 1999—2008 年的 10 年内,大吴镇的 GDP 呈现直线上升趋势,如图 6.12 所示,2008 年的 GDP 总值与 1999 年相比增加了将近 4 倍,镇内村民的人均收入也得到了大幅度地提高,由 1999 年的 3 989 元/人增加到 2008 年的 8 465 元/人,翻了两倍,农民的生活水平得到了极大的改善。进入 21 世纪以来,大吴镇在经济全球化发展的推动下产业结构进行着不断地变化调整,如图 6.13 所示,第一产业在国内生产总值中所占的比重逐渐降低,非农产业结构的比重逐渐增加,尤其是第二产业结构的变化更为显著。其中 2004—2006 年间,第二、三产业所占比重一直增加,而 2006—2008 年间,第二产业所占比重有所下降。这是由于大吴镇一直以来是以采矿产业为主要产业,近年来随着当前部分矿产资源的枯竭以及经济全球化和城市化发展的影响,产业结构正处于转型调整阶段,面临着"退二进三"的产业转移和传统的劳动密集型产业向新型技术型产业转化的过程,主要表现在已枯竭的资源型采矿业向其他新型产业的转移,在此过程中,由于大量枯竭矿区的关闭或搬迁,导致了矿区废弃地、矿区工人村以及基础设施废弃地的形成。

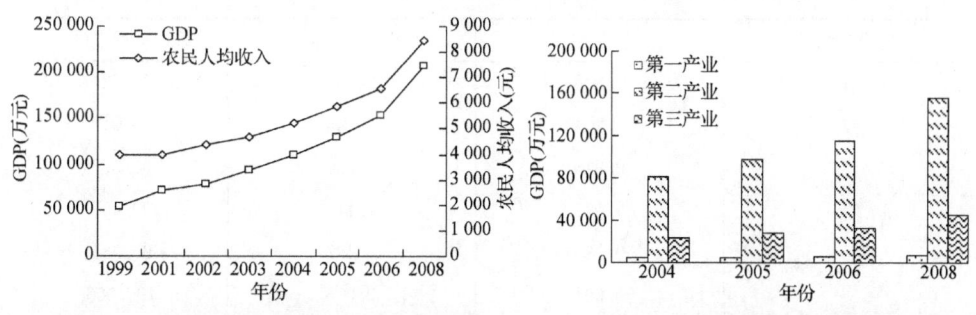

图 6.12　大吴镇 GDP 与农民人均收入变化　　图 6.13　大吴镇产业结构变化图

(2) 驱动力分析

根据第 3 章对于废弃地形成宏观机理的研究可知,在宏观背景环境下,矿区大吴镇的废弃地形成不仅仅是由于采矿导致的。在选择因素时,为了因素选择的全面和细致,使指标之间具有一定的关联性,选择主成分分析方法对各指标进行量化分析,避免信息的重叠。依据大吴镇的实际情况以及所获取的数据资料,建立大吴镇矿区废弃地形成的宏观驱动因素的指标体系,详见表 6.4。

表 6.4　大吴镇废弃地形成的驱动力指标体系

影响因素	0 分析指标	指标说明
人口因素	X1 乡镇总人口(人) X2 人口密度(人/km²)	乡镇总人口/乡镇总面积
经济因素	X3 GDP(万元) X4 工业总产值(万元) X5 农民人均收入(元) X6 固定资产投资完成额(万元)	——
技术因素	X7 粮食单产(kg/hm²)	粮食产量/粮食播种面积

由于废弃地形成的社会因素中的政策因素难以用指标进行定量的表达,所以

此处用技术因素代表社会因素来进行分析,用人口增长因素即人口密度作为人为因素的一个方面来进行定量的表达研究。依据所收集的数据情况以及当地的实际情况,本书从人口因素、经济因素以及技术因素三个方面选取了7个指标来进行废弃地形成驱动力的分析研究。依据构建的指标体系,对1999—2008年间(缺失2000年和2007年的数据)废弃地形成的驱动力因素的指标取值,运用SPSS统计软件进行主成分分析,整理得大吴镇废弃地形成的各驱动因子的特征根值、各自对废弃地形成的贡献率以及累积贡献率,详见表6.5。

表6.5　大吴镇废弃地形成驱动因子主成分计算结果

主成分编号	特征根	贡献率(%)	累计贡献率(%)
1	5.308	75.827	75.827
2	1.203	17.190	93.018
3	0.375	5.355	98.372
4	0.078	1.115	99.487
5	0.035	0.497	99.984
6	0.001	0.016	100.000
7	4.91E−008	7.02E−007	100.000

按照特征根大于等于1及累计贡献率大于80%的原则可知,选取2个主成分为宜,此时累计贡献率达到93.018%,表明这两个主成分的数值变化基本上代表了7个指标因子的变化,即大吴镇1999—2008年间废弃地形成的驱动力因素基本上可以由第一主成分和第二主成分反映。由此可得这两个主成分的相关系数,见表6.6。

表6.6　大吴镇废弃地形成驱动因子的主成分相关系数

变量编号	变量名称	相关系数	
		主成分1	主成分2
X1	乡镇总人口	0.900	0.300
X2	人口密度	0.901	0.299
X3	GDP	0.964	−0.190
X4	工业总产值	0.958	−0.222
X5	农民人均收入	0.956	−0.136
X6	固定资产投资完成额	0.957	−0.112
X7	粮食单产	0.099	0.952

第一主成分除与粮食单产之外的其他变量之间的显著性都较高,且都呈现正相关关系,主要反映了经济和人口方面的驱动因素;第二主成分与粮食单产之间具有较高的相关性,主要反映了技术方面的驱动因素,由此说明矿区废弃地是由社会经济及人文因素共同驱动作用形成的。

2) 微观机理分析

通过构建大吴镇矿区废弃地形成的多主体模型对矿区废弃地形成的微观机理进行梳理分析,即在对废弃地形成的主体行为以及行为交互分析的基础上,构建大吴镇废弃地形成的多主体概念模型,进而从微观的角度对矿区大吴镇废弃地形成的机理进行分析。依据前文的理论基础分析,本书选取行为较为复杂的农户主体、宏观调控区域发展的政府主体以及对资源直接利用生产的企业主体进行分析。

(1) 主体行为以及交互

① 农户行为

依据前文理论基础研究可知,农户的主体行为主要表现在两个方面:一是农户的生产行为,主要是指农户不同的从业方式下的生产行为;二是农户对于居住用地利用的行为,也即农户的建房行为。

Ⅰ. 农户的生产行为

根据对矿区大吴镇 327 户农户调查可知,有 26.3% 的农户为纯农户,71.9% 的农户兼业农户,仅有 1.8% 的农户完全从事非农职业。可见,大吴镇的农户以从事兼业为主,且其中 24.3% 的农户家庭其一半以上的家庭成员从事非农职业。根据理论分析,从事兼业的农户对废弃地形成的行为影响主要取决于农业投入产出比值的大小以及农业的比较收益。若农业的投入成本小于农业的收益时,则农户将继续从事兼业的生产方式;当农业的生产成本大于农业的收益时,则农户将倾向于撂荒土地而完全从事非农职业,尤其是家庭中超过一半的成员从事非农业的农户更倾向于撂荒土地而完全从事非农产业。大吴镇村级问卷的统计结果显示,大吴镇现有各类废弃地共 19 171.61 亩,其中有 2 908.6 亩是由于农户撂荒未利用而形成的废弃农用土地,占废弃地总面积的 15.17%;对农户撂荒土地原因的问卷调查的结果显示,在废弃的地块中有 98% 是由于采矿塌陷导致土地破损不能耕种而撂荒的,仅有 2% 是农户由于其效益低下而撂荒的。此外,在村级单位的问卷调查中,对存在的废弃农用地以及废弃原因进行了调查,结果显示,调查的 19 个行政村中有10个行政村存在废弃农用地现象,占总行政村的53%,可见大吴镇一半以上的村庄存在农用地的废弃,也即有农户撂荒行为的存在。对农户废弃地原因的选择分析(选项为多选)的结果显示(见表6.7),60%的行政村(以村干部为代表的村集

表6.7 农用废弃地的形成原因

撂荒废弃地形成的原因	频数
A. 市场不景气,经济收益低,农户放弃种植	4
B. 种植成本过高,自然灾害较严重,风险较大,影响农户积极性	3
C. 被政府征用,一直处于未被利用状态	0
D. 村民长时间在工厂打工或从事经营活动,没有时间顾及	1
E. 没有建立有效的流转机制,不便于土地流转以及规模经营	3
F. 村民生活水平提高,不愿意去种植	0
G. 受矿区影响,土地塌陷或被污染不适宜种植粮食作物	6
H. 其他	2

体)认为主要原因是受矿区影响,土地塌陷或被污染而不适宜种植农作物;除此之外,40%的村的撂荒废弃地是由于市场不景气,经济收益低下,从而导致农户放弃种植,形成撂荒废弃地;也有些村是由于种植成本过高,自然灾害严重,风险较大,而影响了农户种植的积极性,进而导致农户对土地撂荒废弃;还有些村的废弃地是由于没有建立有效的流转机制,使得土地不易流转以及形式规模经营;由于农户完全从事非农业而放弃土地的村庄则较少,仅有一个村。由此可见,大吴镇农户对于农用地的生产行为主要受矿区的影响,由于矿区对于土地的破坏程度较为严重,直接影响农户对于土地的利用,采矿引起的土地的塌陷破损以及污染等使得农户不得已放弃种植,形成废弃地;此外,农业收益也是影响农户的主要因素之一,农户作为独立的经济个体,追求利益的最大化是最终目标,因此当农户种植成本高,而农作物的经济效益低下时,农户则放弃种植,从而导致废弃地的产生。总之,大吴镇农户的生产行为主要受矿区和农业比较收益高低的影响,从而导致废弃地的形成。

Ⅱ. 农户居住用地的利用行为

农户对于居住用地的利用行为主要表现在对于房屋的利用状态。根据村级问卷的调查可知,农户对于房屋的废弃行为主要分为两种,一是房屋的闲置废弃;二是房屋的塌陷废弃。根据对19个行政村的问卷调查显示,大吴镇由于塌陷而形成房屋废弃的面积达到2960亩,约有16%的村庄存在塌陷房屋;约26%的村庄存在

着闲置房屋的现象,闲置的房屋约有 133 间,若按照每间房屋 30 m² 来计算,则共有 3 990 m² 的闲置房屋。可见,塌陷房屋的分布较为集中,且面积较大,几乎是连片性的塌陷;而闲置房屋面积较小,分布的较为零散。由于塌陷房屋的原因明了,农户对其的行为影响较小,因此在此处只讨论形成闲置房屋的农户行为。房屋闲置废弃的原因也针对 19 个行政村进行了问卷调查,结果见表 6.8,根据频数的统计结果显示,"农户在外地工作常年不回家"以及"农户在别的位置建新房,原来的房屋处于闲置(空置)状态"是房屋闲置形成的主要原因,这也与本书在理论分析中所提到的农户行为吻合。此外,还有受矿区的影响,使得房屋被破坏不能居住,进而使得农户的搬迁导致废弃地形成的。由此可见,农户的建房、搬迁以及从业方式等行为直接影响着房屋闲置废弃的形成。

表 6.8 房屋闲置废弃的原因

房屋闲置废弃的原因	频数统计
A. 在镇上(或市中心及城区)购房,原来的房屋处于闲置状态	2
B. 新农村建设搬迁,原来的房屋还未统一处理	2
C. 在外地工作常年不回家	4
D. 受矿区影响,原居住地环境破坏严重,不适宜居住而搬迁	3
E. 原居住房屋塌陷严重,整理难度较大	2
F. 农户在别的位置建新房,原来的房屋处于闲置(空置)状态	4
G. 其他	0

② 企业行为

根据理论分析可知,废弃地形成的企业行为主要表现在三个方面,即企业的占地行为、企业的搬迁行为以及企业的生产行为。根据大吴镇的实际情况以及实地的踏勘调查,企业行为在大吴镇废弃地的形成中主要表现为企业的生产行为,这主要是由于企业自身的生产方式特点所决定的。大吴镇作为一个矿产资源丰富的城镇,其镇域范围内存在着多个国有或私营的矿业企业,矿业企业为了开采地下的煤炭资源,采取地下钻井开采的方式,而这种开采方式对于土地的破坏极为严重。村级问卷调查显示(见表 6.9),大吴镇由于采矿而引起的塌陷以及污染废弃地共有 14 525 亩,占大吴镇所有废弃地面积的 75.8%。其中以积水塌陷地为主,占总塌陷、污染废弃地面积的 43%;塌陷房屋占 20.4%。在企业的采矿过程中,由于搬运、堆积等行为活动往往引起周边土地的污染,污染地不仅对土地形成严重的破坏而导致废弃，同时，对人们的生活以及周边的环境都造成了威胁。在大吴镇由于采矿引起的污染废弃地占采矿引起的废弃地总面积的23%。压占废弃地是企业在生产过程中堆积尾矿等形成的。

表 6.9　大吴镇采矿引起的塌陷以及污染废弃地面积　　　　（单位：亩）

污染废弃地	压占废弃地	塌陷地		
		积水塌陷地	非积水塌陷地	塌陷房屋
2 650	170	6 250	2 495	2 960

此外，还有企业的搬迁行为。矿业企业的生产行为是针对地下的矿产资源实施的，当地下的矿产资源趋于枯竭时，企业将搬迁至新的矿产资源区域，进而使得资源已枯竭区域的矿区场地、相应地基础设施以及矿区工人村等逐渐趋于衰退废弃。

结合表6.7和表6.8，受采矿影响而导致土地塌陷、污染及房屋的塌陷、搬迁等，是形成撂荒废弃地和闲置房屋的主要原因，可见企业的生产行为不仅导致矿区大量的塌陷、污染、压占废弃地，同时，也推动了农户撂荒土地、搬迁、闲置房屋等行为的发生，企业的行为直接影响着农户的行为。由于矿业企业的进驻为当地提供了非农就业机会，增加了农民的收入，带动了整个村庄的发展，因此从经济收益的角度而言，农户是支持矿业企业的进驻，这滋生了企业征占土地进行地下开采的行为。可见农户的行为也间接地影响着企业的行为。

③ 政府行为

大吴镇废弃地形成的政府行为主要表现在政府的用地政策以及建设行为。政府的用地政策主要体现在政府的征地行为。在对大吴镇废弃地的统计中，征而未用的闲置土地面积约为50亩，分别分布在段庄和虎山。政府的建设行为主要体现在两个方面，一是政府对农村实行的新农村建设；二是政府的基础设施修建等行为。根据十六届五中全会提出的建设"生产发展、生活宽裕、乡风文明、村容整洁、管理民主"的社会主义新农村建设目标和要求，各地都积极开展新农村建设。然而在实际中，很多地方盲目地认为进行村庄合并、农民进社区就是新农村建设，没有进行统一合理地规划，导致在拆村并点、农户搬迁进社区的过程中，由于政策体制以及实施的可行性、农民搬迁意愿等不统一，造成房屋、土地等的闲置废弃。根据实地调研结合问卷调查数据，大吴镇因新农村建设而现处于未利用的闲置废弃状态的土地面积约有1 295亩，约占镇域内废弃地总面积的7%。此外，由于修建公路等基础设施,在施工的工程中取土等在公路两侧形成的挖废大坑面积约260亩。

以上所述是政府直接形成废弃地的行为。在废弃地的形成中,政府由于具有独特的行政管理权力,因此政府主体高于企业和农户两个主体,对企业和农户在宏观上进行着引导和强化的作用,通过对企业和农户行为的影响,间接影响着废弃地的形成。具体地表现在政府的政策,如国家政策对宅基地的规定是一户一宅,且建新房时应在原处拆旧建新。由于政府管理机制的不完善,往往在执行中偏离了国家的规定,执行力度不强,进而助长了农户的不合理行为,导致废弃地的产生。对企业行为较为明显的影响体现在对于私营小煤窑、小砖窑等的撤查关闭,随着《国务院办公厅关于坚决整顿关闭不具备安全生产条件和非法煤矿的紧急通知》(国办发明电〔2005〕21号)和国家发改委《关于认真贯彻国务院办公厅关于坚决整顿关闭不具备安全生产条件和非法煤矿的紧急通知,维护煤炭生产秩序的紧急通知》的政策文件的下达,大吴镇关闭了一批私营的小煤窑,政府的这一强制性行为直接导致了废弃地的形成。可见政府行为与企业行为、农户行为相互交互导致不同空间形态废弃地的形成。

(2) 多主体模型的生成

根据上述分析可知,废弃地的形成受企业、农户以及政府三个主体行为以及主体行为之间交互作用的影响,基于此,根据本研究前述的多主体的概念模型构建大吴镇废弃地形成的多主体模型,如图6.14。其中虚线为主体的交互行为,实线为废弃地形成的主体行为。

人类作为土地利用的主体,从定居以来就开始了对土地的开发利用活动。人类对于土地利用的行为直接影响着土地利用的空间效应,通过对土地的各种开发利用活动推动着整个社会经济的发展,使得整个土地利用系统处于可持续发展的状态。当利用土地的主体行为不合理时,则将引发一系列的土地问题,导致土地利用系统的无序不可持续发展,阻碍着社会经济的健康发展。废弃地的形成不仅对土地资源造成了极大的浪费和破坏,同时也阻碍着土地利用系统的可持续的健康运行,抑制着社会、经济以及生态效益的协调统一发展。如图6.14可知,废弃地形成的农户主体行为主要表现在对土地的生产行为和对居住用地的利用行为也即农户的建房行为;企业行为主要表现在企业的搬迁行为以及生产行为。对于矿业企业来说,当其开采矿产资源的生产行为影响农用地的质量状况,甚至影响土地收益以及正常耕作的时候,农户会选择放弃耕种,将其撂荒,进而形成废弃地,可见企业

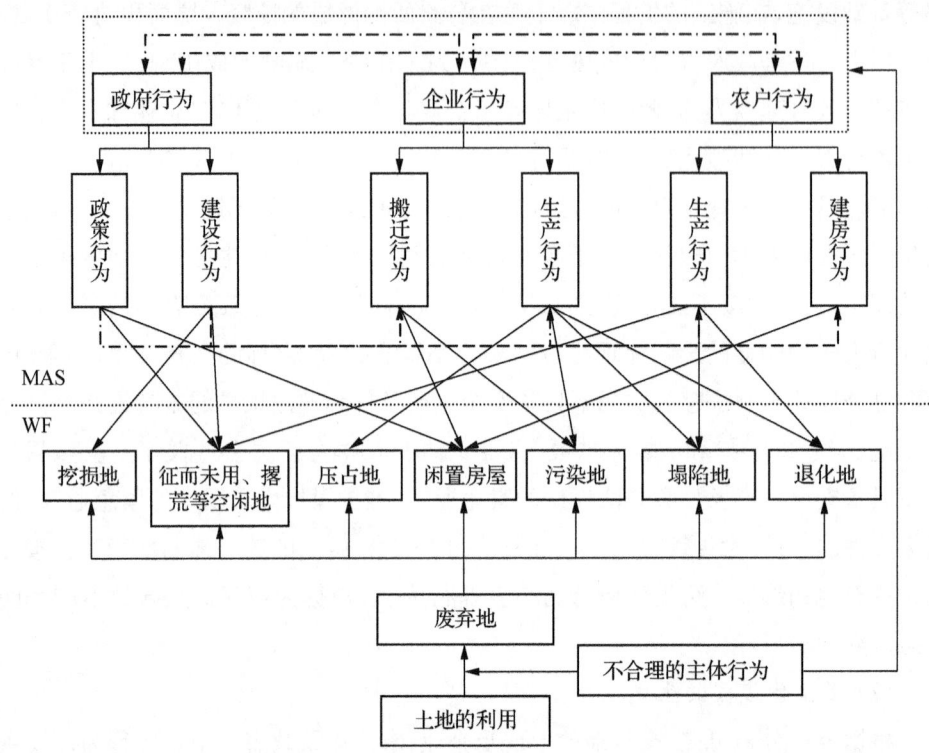

图 6.14 大吴镇废弃地形成的多主体概念模型

的生产行为推动着导致废弃地形成的农户生产行为；反之，农户由于企业所带来的就业等利益支持企业的进驻，进而推动了企业行为的发生。可见企业行为和农户行为之间相互作用、相互推进。政府作为区域的宏观管理机构，有着高于企业和农户的行政和经济权利，因此在实际的土地利用中，政府行为通过引导性和强化性推动和约束着企业和农户的行为，如在矿区政府通过政策来限制矿业企业的开发程度，尤其是对于私营的矿业企业勒令其关闭，进而导致了企业搬迁关闭形成的废弃地；又如政府在新农村建设中实行的拆村并点等建设行为，推动着农户的搬迁行为，由于实施过程中的不合理行为，导致搬迁的不一致而产生废弃地。可见政府的行为推动着企业和农户行为的发生，进而导致废弃地产生。大吴镇矿区的农户、企业和政府行为都影响着废弃地形成，同时三个主体之间又相互推动、相互作用并发生交互行为。

6.3.2 高新区通安镇废弃地的形成机理分析

高新区位处苏州市的边缘区域,近年来经济发展较为迅速,也是苏州城区未来建设的主要发展方向。自从2002年区划调整以来,区内经济快速全面发展,导致其土地利用发生了较大的变化,土地资源的供给矛盾日益增加。然而,就在经济快速发展、人地矛盾日益加剧的同时,区域内的废弃地却随处可见。为了更加深入地分析高新区废弃地出现的问题,考虑到资料的可获取性,本书选择通安镇为代表进行废弃地相关问题的分析。

1) 宏观机理分析

(1) 宏观背景分析

通安镇南依阳山,与东渚镇交界,西邻太湖,东接浒墅关开发区,北与望亭镇接壤,总面积53.9 km²,2007年末总人口达到42 776人。通安镇原隶属吴县市,2002年9月区划调整划入苏州高新区,从此,通安镇融入高新区开发西部、北扩西进的大规划、大动迁、大开发、大发展热潮中。通过近年来的建设,通安镇发生了较大的变化,形成了三大区域:① 绕城高速以东至浒光运河西形成具有城市要素的生产、生活和生态相配套的现代化产业化物流中心,其中占地2.5 km²的华通花园成为人居环境优美的聚集区,占地3 km²的工业区建设成为民营工业。② 绕城高速以西至230省道的14 km²为苏州科技城产业配套区。③ 230省道以西至太湖沿岸为农业生态保护区,浒光运河以南树山、青峰石生态农业、休闲农业和观光农业示范区是社会主义建设的重要载体。

1996—2007年,随着经济全球化的发展,通安镇的经济得到快速发展,由图6.15可知,1996—2007年通安镇的国内生产总值总体上呈现逐渐增加的趋势,但2001—2002年GDP值下降,这主要是由于2002年进行了行政区划调整,行政结构变化,从2002年之后,GDP值直线上升,可见通安镇经济发展之迅速。经济的快速发展带动了人民生活水平的提高,农民人均收入从1996—2007年呈现稳步的上升趋势。在经济全球化的影响下,通安镇的产业结构正处于不断优化调整的阶段。如图6.16所示,2000—2002年由于行政区划调整的原因导致总产值下降,从2002—2006年通安镇的二、三产比例不断调整壮大,一产比例逐渐减小。

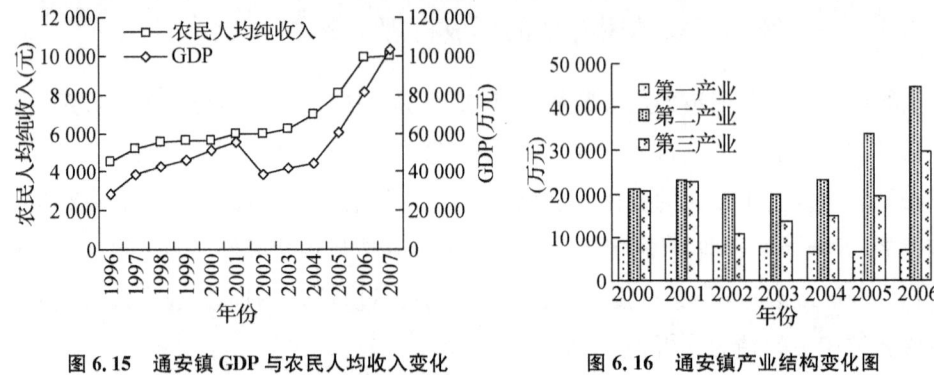

图 6.15 通安镇 GDP 与农民人均收入变化　　　图 6.16 通安镇产业结构变化图

如图 6.17 所示,随着 GDP 的快速增长,人均耕地呈现出直线下降的趋势,由 1997 年的 1.07 亩/人降低到 2007 年的 0.39 亩/人,大量的农地进行了非农化的转变。然而,在人均耕地急剧下降的同时,镇域范围内却出现了大量的废弃地,这使得原本紧张的人地矛盾进一步恶化。根据实地调查发现,通安镇现存的废弃地相较其他几个镇而言数量最多,达到 10 601 亩,占到镇辖区总面积的 19%。这不仅对土地资源造成了严重的浪费,加剧了人地矛盾,同时也影响着人类生产生活的生态景观环境。

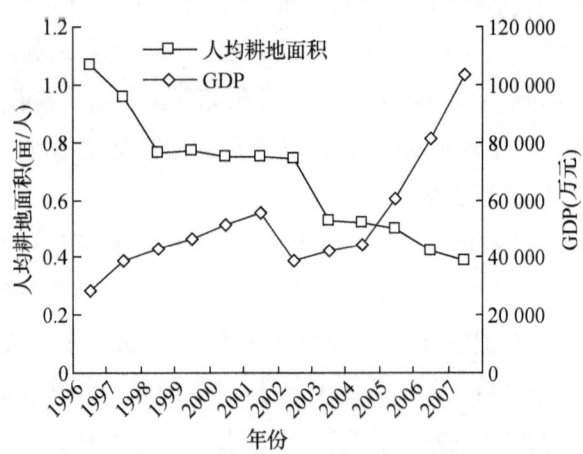

图 6.17 通安镇人均耕地面积与 GDP 变化

(2) 驱动力分析

本书从宏观环境角度出发,选择影响废弃地形成的经济社会因素进行主成分的量化分析来筛选废弃地形成的主要驱动因素。根据通安镇发展的实际情况,构建废弃地形成的宏观驱动因素的指标体系见表 6.10。

表 6.10 通安镇废弃地形成驱动力指标体系

影响因素	分析指标	指标说明
人口因素	X1 乡镇总人口(人) X2 非农从业人口占比(%)	非农产业从业人口/总从业人口
社会因素	X3 粮食单产(kg/hm²) X4 人均耕地面积(亩/人)	粮食产量/粮食播种面积 耕地总面积/总面积
经济因素	X5 农村经济总收入(万元) X6 农民人均纯收入(元) X7 GDP(万元) X8 经济非农化率(%) X9 固定资产原值(万元) X10 财政收入(万元) X11 居民储蓄存款(万元)	二、三产值/总产值

本书对于废弃地形成的社会、经济和人口三个方面的因素进行定量的表达分析,结合收集的数据,共选择了 11 个指标因素进行废弃地形成驱动力的研究。运用 SPSS 软件对上述指标数据进行主成分分析,整理分析结果见图 6.18。

KMO and Bartlett's Test

Kaiser-Meyer-Olkin Measure of Sampling Adequacy.		.651
Bartlett's Test of Sphericity	Approx. Chi-Square	181.039
	df	55
	Sig.	.000

图 6.18 通安镇废弃地形成驱动因素主成分分析 KMO 值

由图可知,KMO=0.651,效果尚可。Bartlett's 球形检验,$P<0.001$,可见球形假设被拒绝,因此 11 个指标间并非独立,其取值是有关系的。各驱动因子的特征根值、各自的贡献率以及累积贡献率见表 6.11。

表 6.11 各主成分的特征根、贡献率及累计贡献率

主成分编号	特征根	贡献率(%)	累计贡献率(%)
1	8.363	76.030	76.030
2	1.231	11.194	87.224
3	0.487	4.430	91.654
4	0.394	3.579	95.233
5	0.261	2.377	97.610
6	0.151	1.368	98.978

续表 6.11

主成分编号	特征根	贡献率(%)	累计贡献率(%)
7	0.071	0.644	99.622
8	0.031	0.281	99.902
9	0.008	0.075	99.978
10	0.002	0.020	99.998
11	0.000	0.002	100.00

按照特征根大于等于1及累计贡献率大于80%的原则可知,选取2个主成分为宜,此时累计贡献率达到87.224%,因此可见,主成分1和主成分2可解释11个变量间的相关关系,这两个主成分的变化基本上体现了11个指标的变化,各主成分与原变量间的相关系数见表6.12。

表 6.12 通安镇废弃地形成驱动因子的主成分相关系数

原变量	原变量说明	相关系数	
		主成分1	主成分2
X1	总人口	0.829	0.174
X2	非农从业人口占比	0.835	−0.282
X3	粮食单产	0.144	0.945
X4	人均耕地面积	−0.888	0.345
X5	农村经济总收入	0.959	0.100
X6	农民人均纯收入	0.983	0.042
X7	GDP	0.016	0.246
X8	经济非农化率	0.815	0.021
X9	固定资产原值	0.990	−0.048
X10	财政收入	0.957	0.089
X11	居民储蓄存款	0.939	−0.166

由此可知,主成分1和主成分2基本上反映了通安镇废弃地形成的驱动因子,主成分1基本上反映了除粮食单产之外其他所有的人文经济因子,尤其是与经济因子相关性较高,这其中与固定资产原值的相关性接近于1,可见对于经济发达地区而言,追求经济效益是形成废弃地的主要驱动因素;主成分2则主要反映粮食单产,即社会技术因素,可见,追求经济效益是通安镇废弃地形成的主要驱动要素,同时受人文社会因素的驱动。

2) 微观机理分析

经济发达地区通安镇废弃地的形成中人为因素更为显著。为了分析人类行为对于废弃地形成的影响机理,本书通过引入多主体模型分析,也就是在废弃地形成的多个主体行为以及行为之间的交互分析中构建废弃地形成的多主体模型。本书选择的主体分别是农户、企业和政府。

(1) 主体行为及其行为间的交互分析

① 农户行为

对农户行为的分析从两方面入手,即农户的生产行为和农户对居住用地的利用行为。

Ⅰ. 农户的生产行为

根据调查得到数据,总结整理可得,在调查的 161 户农户中,完全从事农业的只有 1 户;从事兼业生产方式的有 108 户农户,占所调查农户的 67%;有 52 户农户是完全从事非农业的农户,占所调查农户的 32%。在兼业生产的农户中,有 88%的农户家庭有一半以上的家庭成员从事非农产业,可见,从总体上来说,通安镇的农户主要是从事兼业的农业生产方式。根据第 4 章的分析,这些从事兼业的农户对废弃地形成的行为影响主要表现在农业的投入产出成本以及农业比较收益。当农业的比较效益较低,且生产成本高于收益时,农户倾向于撂荒土地而从事非农。通过实际对通安镇农户的调查可知,在通安镇尽管从事非农的占大多数,且非农生产的收益远大于农业收益,农业比较效益较低,但是由于农户根深蒂固的"恋土情节"使其不愿意撂荒土地,在自身条件允许的情况下继续使用土地。这一点在村级问卷中也得到了印证,通过对通安 14 个行政村的调查结果整理发现,仅有北河村存在农户撂荒的土地,可见,在通安镇农户的生产行为对于废弃地的形成影响较小。

Ⅱ. 农户居住用地的利用行为

在前面的论述中提过,农户对于居住用地的利用行为主要表现在搬迁、建新房等,在形态上都表现为房屋的闲置废弃状态。根据对 14 个行政村的问卷调查可知(见表 6.13),仅有北河、华山以及新钱三个村无房屋闲置情况,其余 11 村都有数量不等的闲置房屋存在,总共闲置房屋的面积为 39 100 m^2,其中,闲置一年的房屋面积为 206 600 m^2,闲置 1~3 年的房屋面积为 11 800 m^2,而闲置超过三年的房屋面积为 6 700 m^2,由此可见,通安镇普遍存在房屋闲置的现象。根据实地踏勘以及与村民、村干部的交流中可知,通安镇几乎每个村都存在 5%~10% 不等的房屋闲置现象。对村级问卷调查结果进行分析可知,"在镇上(或市中心及城区)购房,原来的房屋处于闲置状态"是房屋闲置的主要原因,在有闲置房屋的 11 个村中每个村都有这种情况,这一点正好与第 4 章分析的农户建房行为相符合,当农户的经济收入增加时,农户的经济支付能力增强,导致农户的建房意愿增加。对于通安镇的农户来讲,离高新区城区较近,平均距离为 5 km 左右,因此当农户的经济实力增强时,根据马斯洛需求层次理论,需求由基本的生存型上升到舒适型、安全型层次,为了获得更多的舒适度,更愿意去城市中心买房,造成原来房屋闲置废弃。除这一主要原因之外,"在外地工作常年不回家"和"村民在别的位置建新房,原来的房屋处于闲置状态"也是形成闲置房屋的主要原因,其中村民在别的位置建新房导致的房屋闲置与农户在镇上买房的行为基本相同,都是由于经济收入增加,经济支付能力增强,导致换新房意愿增加。而新农村建设搬迁形成的房屋闲置现象大约只在 27%的村庄出现,可见,这一原因虽也是导致房屋闲置的因素之一,但不是其主要原因。

表 6.13 房屋闲置废弃的原因

房屋闲置的原因	频数
A. 在镇上(或市中心及城区)购房,原来的房屋处于闲置状态	11
B. 新农村建设搬迁,原来的房屋还未统一处理	3
C. 在外地工作常年不回家	7
D. 村民在别的位置建新房,原来的房屋处于闲置(空置)状态	7

总而言之,通安镇废弃地形成的农户建房行为主要表现为农户在别处购新房或建新房而导致闲置房屋出现,且以短期闲置更为普遍,即闲置一年或一到三年。

② 企业行为

根据实地的调查,结合村级问卷可知,通安镇域范围内的企业行为主要表现为企业的占地行为和企业的搬迁、生产行为。① 企业的占地行为在通安镇表现为企业的储备用地,即企业为今后的扩建提前占地的行为。根据调查,像固得电子,有一块约 20 亩的土地作为其储备用地一直闲置未用,截止调查时已闲置了 4 年时间;同样的还有超樊电子二期占地约 30 亩,至调查时已闲置 4 年,可见企业的占地行为对土地资源造成了严重的浪费。② 企业的搬迁行为在通安镇表现为因效益低下或对环境造成污染等原因,企业关闭或搬迁,进而使得原厂区废弃。目前在农村关闭最为普遍的是砖窑厂,在 20 世纪 90 年代国家了保护耕地、减少环境污染而强令关闭小型的砖窑厂,并且禁止使用黏土砖,因而使得农村一大批私营小砖窑厂关闭,造成场地的闲置废弃。为了保护生态环境,通安镇关闭采石场约 200 亩,其中约 70 亩已经进行了宕口整治复垦,但仍有 130 亩处于闲置废弃,且已闲置了 6 年时间;此外还有因环境保护而关闭的有色金属厂,闲置面积约有 5.6 亩。③ 企业的生产行为在通安镇主要表现在企业生产排污而引起的污染地,如苏钢对于水域的污染。

③ 政府行为

对于通安镇废弃地形成的政府行为也分为两部分讨论,一是政府的用地政策行为;二是政府的建设行为。首先,根据调查,政府的用地政策行为主要体现在政府的盲目征地以及管理行为。像镇政府工业园的征而未用地,造成60亩闲置未利用土地,此外还有预留工业用地、商业用地等共约100亩,其中时间最长的闲置了约5年;苏钢征用了300亩地,至今已闲置16年,由于政府未对其进行有效的管制监督,因而造成了土地资源的浪费。通安在修路时征用了约200亩土地用作绿化用地,但是截至调查时为止,已闲置了6年,还未将其利用起来。此外科技城范围的预备用地,政府提前征地规划为科技城的建设用地,但是至今为止由于吸引不到合适的企业进驻,而导致大面积的土地闲置废弃,据粗略的估计,面积为9 000多亩,这些征而未用的闲置地对土地资源造成了极为严重的浪费。其次,政府的建设行为在通安镇表现为在修路时形成的挖废大坑,以及新农村建设中村庄合并以及农户搬迁进社区活动导致的闲置房屋形成。

每个主体不是孤立存在的,农户作为经济主体,其主体利益受社会经济环境的影响,企业主体的行为受社会经济环境以及政府的影响。就三个主体的行为而言,政府的行为对于企业和农户具有约束性和强化性,像有色金属厂,政府为了保护环境要求其搬迁,使得原厂地闲置废弃;在新农村建设中,政府要求进行村庄合并,农户搬迁后集中居住,由于搬迁过程中的一些不合理行为等因素而产生了房屋的闲置废弃。可见政府的行为强制造成企业和农户行为,并推动了农户和企业产生废弃地的行为。企业在当地的发展为农户提供了就业机会,增加了农户的收入,再加上受政府政策的影响,更多的农户愿意将自家的土地流转或被征,没有地的农户进城或外出打工,从而造成闲置房屋的出现,在通安镇最典型的是在镇上买房而将村里的房子废弃。同时政府大量从农户手中征地的行为促使了企业的占地行为。此外,由于企业能为当地带来巨大的经济利益,同时企业的进驻也能为地方政府的官员实现政绩,因此政府为了满足企业的需求而多征地多供地于企业,或者政府为了满足企业的行为需求而降低土地成本,扰乱了土地市场的秩序。可见各主体行为之间相互影响、相互推动促使了废弃地的形成。

(2) 通安镇多主体模型的生成

基于各主体的行为以及主体之间的交互行为的分析构建通安镇废弃地形成的多主体概念模型(见图 6.19),其中虚线为主体的交互行为,实线为废弃地形成的主体行为。

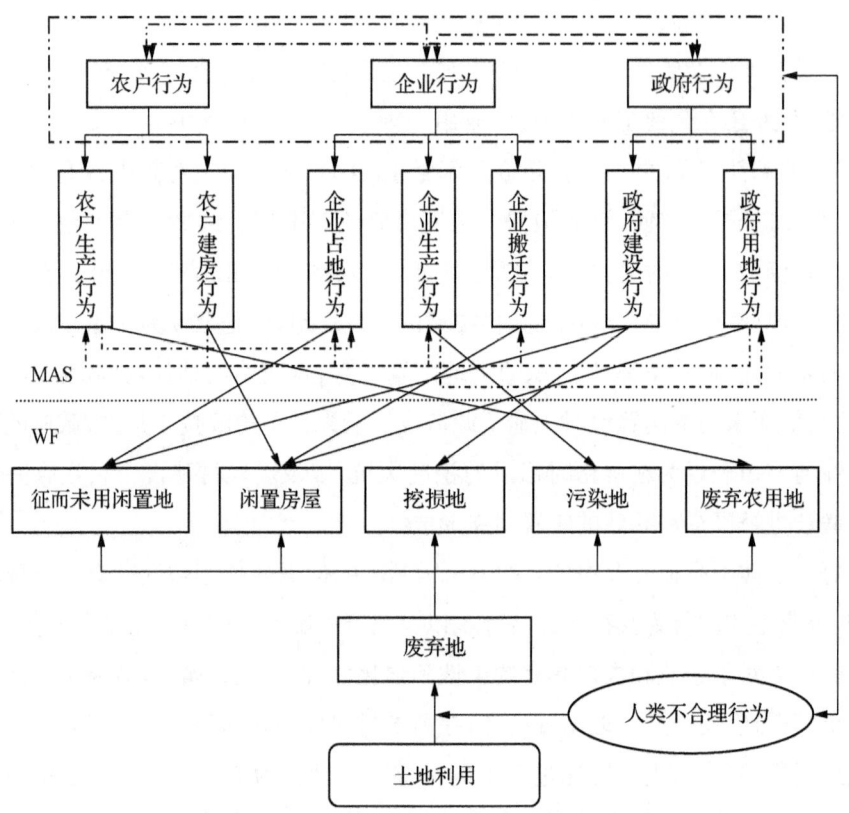

图 6.19　通安镇废弃地形成多主体概念模型

据图可知,通安镇在主体行为的影响下共形成 5 类废弃地,包括征而未用闲置地、闲置房屋、挖损地、污染地、废弃农用地,其中征而未用地闲置地主要是由于企业的占地行为以及政府的用地政策行为所导致;闲置房屋主要是由于农户的建房行为、政府的建设行为以及企业的搬迁行为导致;挖损地是由于政府的建设行为所引起的;企业的生产行为导致了污染地的形成;废弃的农用地是由农户的生产行为所引起。三个主体之间互相影响导致废弃地的形成。政府的行为推动着农户和企业行为的发生,企业的行为又间接地推动着农户行为,农户行为又影响着政府行为。其政府行为是高于企业和农户行为的,对企业和农户行为具有诱导性和强化性。

6.3.3 矿区和经济发达地区废弃地形成机理的比较

1) 宏观机理的比较

根据前文形成机理的理论分析,本章通过对大吴镇矿区废弃地和经济发达地区高新区通安镇废弃地形成的宏观机理和微观机理的调研分知矿区废弃地形成的宏观机理与经济发达地区废弃地形成的宏观机理之间既有着相似之处,也存在着差异。其相似之处主要表现在:① 矿区和经济发达地区的经济发展水平逐渐提高,农民收入有了较大的改观;产业结构正进入调整优化阶段,产业结构调整转移推动了废弃地的形成;② 驱动力的主成分分析显示,矿区和经济发达地区的第一主成分主要反映了人文经济驱动因子,尤其是经济因子驱动力;第二主成分主要表现了社会驱动因子。可见矿区和经济发达地区废弃地的形成都不仅仅受经济因素的驱动,同时还受到人文社会因素的影响。差异之处表现为产业结构的调整。根据分析,当前矿区大吴镇的产业结构正处于"退二进三"的转型调整阶段,而经济发达地区通安镇的产业结构正处于优化升级的调整阶段。

2) 微观机理的比较

废弃地形成的微观机理矿区和经济发达地区也存在着异同之处。相同之处主要体现为:① 矿区和经济发达地区都表现为农户的建房行为推动着闲置房屋的形成。② 企业的生产和搬迁行为在矿区大吴镇和经济发达的通安镇均有所表现;③ 政府主体对于废弃地形成的主体行为在矿区和经济发达地区都表现为征地行为和建设行为。④ 在主体行为的交互方面,政府行为都高于企业和农户两个主体行为,且对于企业和农户行为具有诱导性和强化性;农户行为推动了企业行为的发生,企业的行为又影响着农户行为,废弃地形成的主体之间通过相互影响的交互作用推动废弃地的形成。

然而,两者之间也存在着一些差异,主要体现在:① 农户的生产行为。矿区农户的生产行为受矿区生产和农业比较收益高低的影响成为矿区废弃地形成的主要影响因素之一,而经济发达地区农户的生产行为对于废弃地形成的影响较弱;② 农户居住用地的利用行为。矿区农户的建房、搬迁以及从业方式等因素直接影响着闲置房屋的形成,具体体现在农户在外地常年打工或在别处建房,而在经济发达地区是由于农户在镇上或城区买房居住而导致闲置房屋的形成,即经济发达地区,农户的建房、搬迁行为是形成房屋闲置的主要原因。③ 企业行为。企业行为在矿区仅仅表现为生产和搬迁两个行为,而在经济发达地区表现在生产、搬迁以及占地行为,且以占地行为为主。

6.4 废弃地防治行为响应的实证分析

基于废弃地形成的微观机理的研究可知,废弃地的形成来自三个主体的行为以及行为间的交互作用,因此本书对于废弃地防治分析将从对主体的分析入手来进行废弃地防治的探讨。由于企业主体资料的缺乏,因此在大吴镇废弃地防治的分析中仅仅从农户和政府两个角度入手。

6.4.1 大吴镇废弃地防治行为响应分析

1) 大吴镇废弃地防治的主体行为响应分析

(1) 农户行为响应分析

① 农户行为响应的影响因素分析

依据第 5 章的理论分析可知,农户行为的响应受农户自身属性因素和外部环境因素两方面的影响。影响农户进行废弃地防治的农户自身属性因素主要体现在农户的年龄、受教育程度、农户拥有的土地规模、农户家庭的劳动力状况以及农户家庭的收入几个方面;外部环境因素主要表现在农业比较收益、土地产权制度、土地整治的政策支持以及技术支持。本书对于农户行为的分析主要是基于大吴镇 19 个行政村的农户问卷调查来分析农户对于废弃地防治的响应行为。

Ⅰ. 年龄

不同年龄阶段的农户对于矿业废弃地生态恢复与防治的意愿和认知程度有差别,进而导致对于废弃地生态恢复与防治的行为响应的差异。对矿区农户问卷数据的分析显示,年龄越大,愿意进行废弃地整治的农户就越多。在与农户的访谈中得知,年轻人获得新技能、新知识的能力强,对外面的世界充满好奇,敢于冒险,向往着城市生活,以前的"男耕女织"的生活方式已不能被他们接受,因此该部分农民不愿意整治废弃地;反而年龄较大的农民,对于新知识、新技能的掌握存在一定的障碍，他们已习惯了多年的传统生活模式，认为耕地是生存生活的根本，农民不能没有耕地，他们有着农民最朴实的想法，子孙后代还要以耕地为生，不愿意看到土地废弃，因此这个年龄段的农民是废弃地整治的主体。根据图 6.20，随着年龄的增长，废弃地整治的意愿也在不断增加，但是在＞60 岁时增加的速率有所降低，这主要是因为大部分 60 岁以上的农民，虽然对土地有着深厚的感情，不愿意土地废弃，但是由于废弃地整治的难度较大，缺乏劳动力，故整治意愿下降。

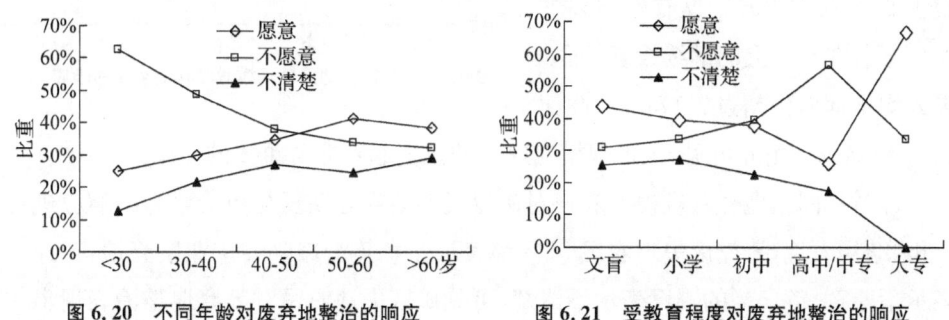

图 6.20 不同年龄对废弃地整治的响应　　图 6.21 受教育程度对废弃地整治的响应

Ⅱ. 受教育程度

农户受教育的程度决定着农户的文化素养、对于新技术与新事物的接受能力、对于其行为决策理性判断的程度。根据对矿区农户的调查访谈可知，从不识字、没有文化开始到高中/中专的不同受教育阶段的农户，随着受教育程度的增加，废弃地整治的意愿逐渐降低。这是由于没有文化或文化较低的农民，对新技能的接受受到很大的限制，比较困难或没有能力改变生活方式，农业是其主要的生计来源，土地是他们生活的根本，因此非常看重土地，可以说是视地如命，因此只要自家的土地塌陷、破损或其附近出现废弃地时，该类农户就积极地去整治利用。随着受教育程度的提高，为了追求利益最大化，会通过学习新技能从事其他的非农行业，其生活能力高于没有文化或文化较低的农民，对土地的依赖程度降低，因此，人对塌陷废弃地的整治意愿也在逐渐降低。但据图 6.21 可知，当受教育程度达到大专时，其对废弃地的整治意愿反而增加，这充分体现了文化素养越高，对废弃地整治的重要性认识越高。

Ⅲ. 土地经营规模

我国实施家庭承包责任制的主要形式就是包干到户，也即将农村集体土地分配给农户个体使用，为了体现土地分配的公平原则，我国农村的土地都是田块形式,由于我国人多地少,故土地被分成了很小的地块,使得农户土地经营规模小,且比较分散。我国已有学者针对土地经营规模与农户投资行为之间的关系进行了研究(马鸿运,1993),研究结果显示,如果人均土地面积低于 0.13 hm^2,仅有29.4%的农户愿意在土地上的继续投资;而如果人均土地面积超过0.17hm^2,此比例为 44.4%。由此可见,土地规模对农户的投资起着非常重要的作用。

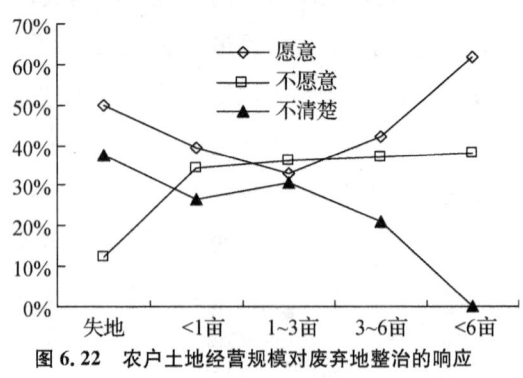

图 6.22 农户土地经营规模对废弃地整治的响应

针对不同土地经营规模的农户对矿业废弃地生态恢复与防治意愿的响应进行分析,结果发现,研究区失地农民50%都表示愿意整治塌陷等矿业废弃地,12.5%表示不愿意,37.5%的农民表示不清楚,可见矿区失地农民对废弃地整治表现出相对积极地态度。其中耕地少(<1亩)的农户愿意整治的比例为 39.5%,高于不愿意的比例 34.21%;而耕地较少(1~3亩)的农户不愿意整治的比例高于愿意整治的比例,根据调查访谈得知,对于耕地较少(1~3亩)的农户,耕地不是其唯一的生活来源,现有的耕地只要能保证自给自足即可,农闲时间可从事非农产业,两者兼得,因此不愿意再去整治废弃地。图 6.22 显示,当农户耕地拥有量超过 3~6 亩时,其意愿曲线呈增加趋势,根据调查,拥有耕地较多的农户都是以农业为主要收入来源,因此对矿业废弃地整治的意愿较高。

Ⅳ. 劳动力状况

农户劳动力状况常常制约着土地开发整理活动的开展,这是因为土地开发整理通常需要较多的劳动力,特别是工程措施以及生物措施,其劳动力需求量更大。对于矿业废弃地生态恢复与防治的农户行为来讲,劳动力状况是行为的基本保证。由于矿业废弃地具有挖损、塌陷、压占等特性,因此不仅仅对修复技术要求较高,而且还需要大量的劳动力来进行整治修复工作。然而,随着城市化的快速发展,非农经济取得了较大的发展,农村大部分劳动力都从事非农活动,形成目前我国大部分农村都是老年人在家种地,年轻人进城从事非农活动的模式。老年人虽然眷恋土地,但是对于矿业废弃地的整治力不从心,而年轻人当从事非农带来的收益大于农业所带来的收益,废弃地的整治对其产生不了行为动力。

Ⅴ. 农户家庭收入

矿业废弃地生态恢复与防护作为农户的一种投资行为,家庭收入直接对其构成制约。收入水平是决定资金积累与投资的重要因素。直观上看,农户投资与农户收入存在正相关关系,农户收入水平越高,其增加投资的反应越强烈。根据农户问卷调查分析结果可知,农户对于废弃地生态恢复与防治的意愿与农

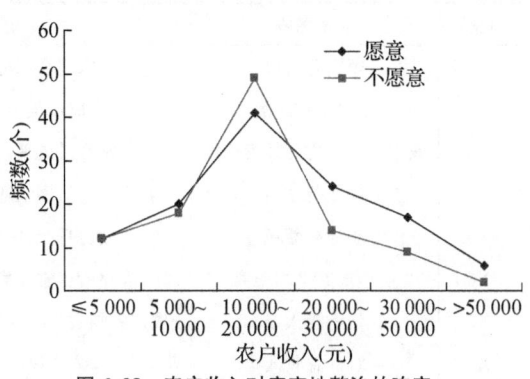

图 6.23　农户收入对废弃地整治的响应

户的收入之间呈正相关关系,即收入越高,农户对于废弃地生态恢复与防治的意愿倾向更大。对农户对于废弃地生态恢复与防治的意愿与农户收入的频数分布之间进行了分析,结果如图 6.23 所示,不愿意进行废弃地生态恢复与防治的农户的收入主要集中分布在 10 000~20 000 元,调查区域大吴镇的农户收入的平均水平为 18 272 元,因此可见处于平均水平收入的不愿意整治废弃地的农户频数大于愿意整治的农户频数,而高于平均水平以上收入的愿意进行废弃地生态恢复与防治的农户远大于不愿意整治的农户。可见,收入对农户进行废弃地生态恢复与防治的行为响应有着重要的影响。

② 农户行为响应的影响因素指标体系建立

根据上述分析,影响农户进行废弃地防治行为的影响因素是农户个体特征和农户家庭的基本情况,比如年龄、受教育程度、家庭总人口、土地经营规模以及家庭收入等;此外农户行为还受外部环境的影响,像土地产权、农业市场状况等。由此,我们将农户进行废弃地防治行为的影响因素分为两类:农户个体特征因素和外部环境因素。其中,农户个体特征因素包括家庭总人口(X1)、农户家庭平均年龄(X2)、农户家庭平均受教育年限(X3)、农户农业劳动力数(X4)、耕地总面积(X5)、耕地离家平均距离(X6)、农作物投入成本(X7)、农户总收入(X8)、农户农业收入(X9)、人均农业收入(X10);外部环境因素包括农产品商品化率(X11)和产权需要(X12),各变量的说明详见表 6.14。

表 6.14　Logistic 模型相关自变量

变量	变量名称	变量说明	平均值	标准差
X1	家庭总人口	家庭全部的人口数量(人)	4.17	1.45
X2	家庭平均年龄	家庭成员年龄的平均值(人)	51.83	11.32
X3	农户家庭平均受教育程度	家庭成员平均受教育年限(人)	1.30	0.94
X4	农业劳动力	农户家庭从事农业生产的劳动力数(人)	1.81	1.01
X5	耕地总面积	农户拥有的耕地总面积(亩)	3.11	2.00
X6	耕地离家平均距离	农户所有耕地离家的平均距离(里)	1.02	0.72
X7	农作物投入成本	农户种植农作物一年内所投入的成本(元)	737.44	326.92
X8	农户总收入	农户家庭年总收入(元)	18 272.43	13 401.66
X9	人均农业收入	农户家庭人均年农业收入(元)	303.77	651.80
X10	农作物总产量	农户种植农作物的年总产量(斤)	4 906.94	4 147.76
X11	农产品商品化率	农户农产品销售量与农产品总产量之比	0.30	0.32
X12	产权需要	是否需要产权		

③ 农户行为响应的 Logistic 模型分析

以农户整治的意愿为因变量(y:0 代表不愿意,1 代表愿意),以表 6.14 中的指标体系为自变量,利用 Logistic 回归分析模型对大吴镇废弃地防治的农户行为响应的各影响因素进行 Binary Logistic 回归分析,选用向后逐步选择法,向后逐步选择自变量。

模型整体检验表 6.15 提供了三种模型检验方法,从表中数字来看,模型的拟合效果较好,可信度较高。其中,Likelihood 是利用已有的参数得出观测结果的可能性,称为"似然比"。似然比小于 1,习惯上用对数似然比值乘以 -2 来度量模型对数据的拟合度,记做 $-2ll$。$-2ll$ 可用于检验 Logistic 回归的显著性,好的模型似然比值较高,其值相对较小,似然比值的变化说明当变量进入与被剔出模型时模型拟合度方面的变化。Cox & Snell R Square 和 Nagelkerke R Square 是用来评价模型的拟合效果,与线性模型中的 R^2 相似。Cox & Snell R Square 是一种一般化的确定系数,被用来估计因变量的方差比率。Nagelkerke R Square 是 Cox & Snell R Square 的调整值,这两个值越大,说明模型的整体拟合性越好。由表 6.15 可知,Step 10 的模型拟合效果最好,其回归模型的估计参数见表 6.16。

表 6.15 矿业废弃地农户整治行为模型整体检验

Step	−2Log likelihood	Cox & Snell R Square	Nagelkerke R Square
1	283.029	0.106	0.142
2	283.043	0.106	0.142
3	283.183	0.106	0.141
4	283.275	0.105	0.141
5	283.456	0.105	0.140
6	283.763	0.104	0.138
7	284.362	0.101	0.135
8	286.064	0.094	0.126
9	286.960	0.091	0.121
10	289.183	0.081	0.109

表 6.16 Logistic 回归模型分析估计参数

影响因素	自由度	logistic 回归系数	logistic 回归系数的标准误	Wald 卡方	P 值	标准化 logistic 回归系数	OR 值	OR 值的 95% 可信区间	
	df	$\hat{\beta}_j$	$SE_{\hat{\beta}_j}$	χ^2		$\hat{\beta}'_j$		下限	上限
耕地总面积(X5)	1	−0.190	0.082	5.309	0.021	−0.211 16	0.827	0.704	0.972
农作物投入成本(X7)	1	−0.001	0.000	8.296	0.004	−0.242 58	0.999	0.998	1.000
人均农业收入(X9)	1	0.001	0.000	3.315	0.069	0.285 037	1.001	1.000	1.002
截距	1	1.140	0.407	7.847	0.005				

根据表 6.16,最终进入模型的变量有耕地总面积(X5)、农作物投入成本(X7)、人均农业收入(X9)。由此可建立矿业废弃地农户整治的行为响应模型为:

$$P=\frac{\exp(1.140-0.19x5-0.001x7+0.001x9)}{1+\exp(1.140-0.19x5-0.001x7+0.001x9)}$$

根据 Logistic 回归模型可知,矿区大吴镇废弃地防治的农户行为的主要影响因素是农户所经营的耕地总面积、农作物投入成本以及人均农业收入;根据标准化回归系数可知,人均农业收入对农户整治意愿的影响程度最大,其次为农作物投入成本,耕地总面积对农户整治意愿的影响程度最小。

耕地总面积 根据模型分析可知,农户拥有耕地总面积与农户对废弃地的整治行为呈负相关关系,也即农户所经营的耕地总面积越小,农户整治废弃地的可能性越大。对农民而言,耕地是其生存之本,是其生活的最基本保障,对土地有着严重的依赖性,尤其是对于地少的农户,其希望通过废弃地的整治来增加自己的耕地数量,以保证自身的食物安全,这也是农民最基本的需要。

农作物投入成本 根据分析可知,农作物投入成本与农户废弃地整治行为呈负相关关系,即农作物投入成本越高,农户整治废弃地的可能性就越低;反之,种植农作物的投入成本越低,农户整治废弃地的可能性就越高。对于农户而言,进行废弃地整治的最终目的是使用土地,种植农作物来获得收益。农户经营的总目标是追求效用的最大化,种植农作物的投入成本逐渐增加对应整治后土地可获得收益逐渐降低,因此其严重地影响着农户进行废弃地整治的积极性。

人均农业收入 人均农业收入与矿业废弃地整治行为的概率之间呈正相关关系,即农户人均农业收入越高,废弃地整治的可能性就越高。这主要是由于农户的人均农业收入的基础是土地,是最基本的生产资料,因而人均农业收入越高,农民对土地经营的积极性越高,同时农民为了获取更多的利益,希望增加耕地,因而对废弃地的整治有着较高的积极性。

由此可见,废弃地防治的农户行为响应的主要影响因素在于农业比较效益、农户的收入以及农户经营的耕地数量。因此可针对这几个方面来加大防治措施和扶持政策,像农作物投入成本,可适当地实行政府补贴、完善农产品市场等体制改革,以充分调动农户对废弃地整治的积极性,进而保证废弃地整治的广度和深度。

(2) 政府行为响应分析

废弃地防治的政府行为响应主要表现在政府对于废弃地的整治行为,以及为了整治而制定的政策文件等。目前我们国家政府是废弃地防治的主要组织机构,也是废弃地整治的主要主体,因此政府对于废弃地的防治行为是废弃地整治的关键。对于大吴镇形成的大量废弃地,政府也是整治的主要力量。大吴镇虎山口已关闭的矿山位于 206 国道东侧禁采带内,由于多年的开山采石,致使山体遭到破坏,矿区生态环境恶化。2003 年矿山关闭后,裸露的废弃采石边坡存在滑坡地质灾害隐患,近 400 亩矿山废弃地闲置。为了更加充分合理的配置矿山废弃地资源,缓和土地市场中的供需矛盾,由贾汪区国土资源局牵头申报《徐州市贾汪区大吴镇虎山口关闭矿山地质环境治理项目》对其进行生态恢复与整治。项目治理总经费 1 100 万元,其中中央财政补助资金 600 万元,地方政府配套 500 万元,主要用于破损山体生态环境恢复治理和采矿废弃地治理。项目实施后,一方面可以极大地改善当地的生态环境,另一方面,整理出 400 亩农用地,可置换相应建设指标,缓和用地矛盾。文如为了促进矿山地质环境治理,国土资源厅发布《关于加强废弃露采矿山环境整治工作意见的通知》等,都是政府为了废弃地防治所做的积极举措。

2) 废弃地防治行为与土地利用耦合的途径——参与式规划

废弃地的防治行为与土地利用耦合的途径体现为参与式规划,根据参与式规划的特点,结合矿区大吴镇的特点,我们选择参与的主体为矿区企业、农户、政府和规划研究人员。矿区参与式土地开发整治规划的主要目标为塌陷地的整治,这对整治的技术要求比较高,故参与主体的参与过程应重点放在塌陷初期时的自行整治或集体整治,而对于稳沉后的塌陷地整治应有专业的复垦人员进行(见图6.24)。

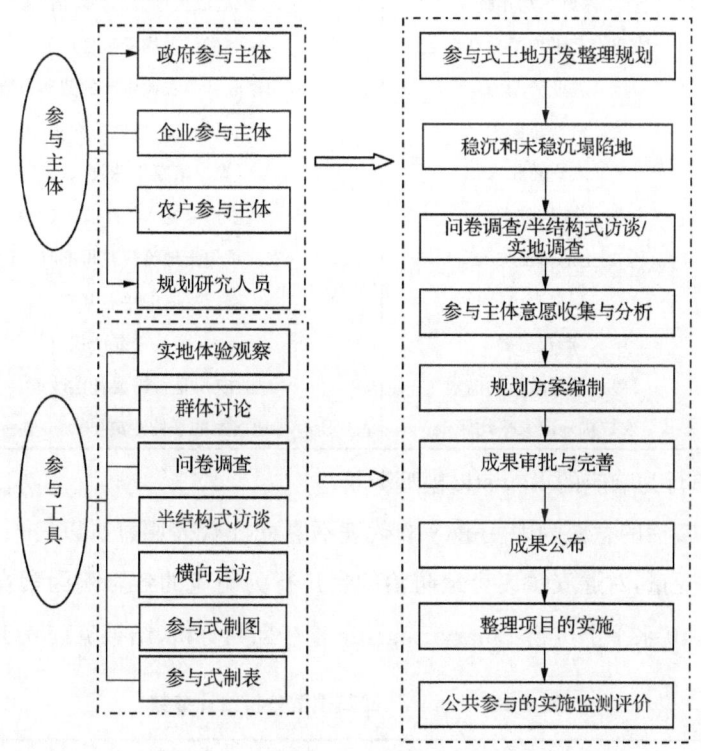

图 6.24 参与式土地开发整理规划的框架

6.4.2 高新区通安镇废弃地防治行为响应分析

1) 废弃地防治的主体行为响应分析

(1) 农户行为响应分析

① 农户行为响应的影响因素指标体系建立

进行模型相关自变量的选择,根据农户行为的两类影响因素进行模型指标体系的构建,见表 6.17。

表 6.17 Logistic 模型指标体系构建

变量	变量名称	变量说明
Y	农户整治意愿	1 代表农户愿意整治;0 代表农户不愿意
X1	距集镇的距离	农户家离集镇的距离(km)
X2	家庭总人口	家庭全部的人口数量(人)
X3	家庭平均年龄	家庭成员年龄的平均值(人)
X4	农户家庭平均受教育程度	家庭成员平均受教育年限(年)
X5	农业劳动力	农户家庭从事农业生产的劳动力数(人)
X6	耕地总面积	农户拥有的耕地总面积(亩)
X7	农户总收入	农户家庭年总收入(元)
X8	人均收入	农户家庭人均年收入(元)
X9	土地转出收入	农户承包土地流转获得的收入(元)
X10	总支出	农户家庭的年总开支(元)
X11	产权需要	是否需要产权
X12	整治补偿政策的需求	农户是否需要补偿政策
X13	农户耕地离家平均距离	农户所有耕地离家的平均距离(里)(1 里=500 m,下同)

② 农户行为响应的 Logistic 模型分析

以农户整治的意愿为因变量(y:0 代表不愿意,1 代表愿意),以表 6.17 中的指标体系为自变量,对通安镇废弃地防治的农户行为响应的各影响因素在 $\alpha_{入选}=0.05$,$\alpha_{剔出}=0.10$ 水平上进行 Binary Logistic 逐步回归分析,结果见表 6.18。

表 6.18 Logistic 回归模型分析估计参数

影响因素	自由度	logistic 回归系数	logistic 回归系数的标准误	Wald 卡方	P 值	标准化 logistic 回归系数	OR 值	OR 值的 95% 可信区间	
	df	$\hat{\beta}_j$	$SE_{\hat{\beta}_j}$	χ^2		$\hat{\beta}'_j$		下限	上限
距集镇的距离(X1)	1	0.497	0.229	4.683	0.030	0.262	1.643	1.048	2.576
农户平均受教育年限(X4)	1	0.243	0.091	7.085	0.008	0.328	1.275	1.066	1.525
耕地面积(X6)	1	0.582	0.287	4.106	0.043	0.311	1.790	1.019	3.143
人均收入(X8)	1	−0.745	0.244	9.299	0.002	−0.374	0.475	0.294	0.766
截距	1	−2.022	1.173	2.972	0.085				

根据表 6.18,最终进入模型的变量有距集镇的距离(X1)、农户平均受教育年限(X4)、耕地面积(X6)和人均收入(X8)。由此可建立通安镇废弃地整治的农户行

为响应模型为：

$$P = \frac{\exp(0.497x1+0.243x4+0.582x6-0.745x8-2.022)}{1+\exp(0.497x1+0.243x4+0.582x6-0.745x8-2.022)}$$

在入选模型的几个因素中，人均收入的标准化系数的绝对值最大，可见人均收入对于废弃地整治的农户意愿的影响程度最大，其次为农户平均受教育年限和耕地面积，而聚集镇的距离对农户整治意愿的影响最小。由此可见，农户的经济收入是影响农户整治意愿的最主要因素，且人均收入与农户废弃地整治的意愿是负相关关系，可见农户的人均收入越高，其整治的意愿越低，这主要是因为农户的收入越高越能保证自己基本的生存安全，根据马斯洛需求层次理论，农户对生存的安全需求越低，越会追求更高一级的需求，即舒适、安全的需求，因而农户对于土地的依赖性降低，导致其更不愿意进行废弃地的整治。而农户受教育程度与农户的整治意愿是呈正相关的，即农户的受教育程度越高，整治的意愿就越强。根据 OR 值可知，农户受教育的年限每增加一年，整治废弃地的意愿将增加1.275。聚集镇的距离与农户废弃地整治的意愿之间呈现正相关，即农户家庭离集镇越近，农户所处的生活环境、基础设施以及出行的方便程度就越好，可获取的信息更为及时，就业的机会也就越多，对于土地的依赖程度越低，其越不愿意对废弃地整治进行投入。农户离集镇的距离越远，生活基础设施、出行的方便程度都较弱，获取信息的更新化程度也较低，出外就业的机会相对较少，导致对土地的依赖性较高，因此其对土地的整治意愿也就越强烈。

(2) 政府行为响应分析

政府的行为响应分为直接的响应和间接的响应。直接响应体现在对废弃地的直接整治行为的实施；间接响应是指政府通过政策制度来间接的约束。据上述分析可知，通安镇的废弃地以闲置地为主，尤其是闲置房屋的现象更为普遍。2009年国土资源部针对农村闲置的居民点以及建设用地下发了《城乡建设用地增减挂钩试点管理办法》，其内容主要是将若干拟整理复垦为耕地的农村建设用地地块和拟用于城镇建设的地块等面积共同组成建新拆旧项目区，通过建新拆旧和土地整理复垦等措施，提高耕地质量，节约集约利用建设用地，达到城乡用地布局更合理的目标。在 2008 年发布的《关于严格建设用地管理促进批而未用土地利用的通知》，其主要强调"促进城市新增建设用地既是有效供应并得到充分利用，依法纠正和遏制违法违规使用农村集体土地等行为；加强建设用地批后监管，切实预防和防止未批即用、批而未征、征而未供、供而未用等现象的发生"，它从管理的角度针对征而未用、批而未征等不合理现象进行遏制制止,以减少此类闲置废弃地的出现。在 2010 年针对农村房屋的闲置废弃现象出台了《关于进一步完善农村宅基地管理制度切实维护农民权益的通知》,文件要求"加强规划计划控制引导,合理确定村庄宅基地用地布局规模;严格宅基地面积标准、合理分配宅基地;严控总量盘活存量,逐步引导农民居住适度集中;因地制宜地推进(空心村)治理和旧村改造等措施。"主要强调通过规划、管理的方法来进行闲置宅基地的整治以及防治。

2) 废弃地防治行为与土地利用的耦合途径

根据理论分析,通安镇废弃地防治与土地利用的耦合通过参与式规划的方法实现,即基于参与式方法的土地开发整理规划。对于通安镇而言,其土地开发整理的目标主要是闲置地的整理。根据通安镇村级问卷和农户问卷的综合分析以及实地调查可知,通安镇的闲置地面积在整个高新区范围内所占比例最大,究其原因是科技城占地引起。在土地开发整理规划中这类闲置地可整理用作新一轮的建设用地。而通安最普遍存在的废弃地是闲置房屋,根据问卷分析以及实地访谈调查,在通安镇现有的行政村中几乎每个行政村都有 5%~10% 的闲置房屋,在本书的分析中将每个村的闲置房屋比例取平均值 8%,对每个行政村的居民点减去 8% 的闲置地之后,将小于 1 hm^2 的农居点提取,可提出 249 个图斑,若将分布零散、小于 1 hm^2 的所有农居点实施就近合并(见图 6.25~图 6.27),则可整理出 3 hm^2 的土地,即可得到 0.7% 的整理潜力。由此可见,通过参与式规划的耦合途径,可达到废弃地防治与土地利用协同耦合的目的,不仅促进了废弃地的防治,同时推动了土地利用的集约节约,保证了土地利用系统的可持续发展。

6.4.3 矿区和经济发达地区废弃地防治行为响应的比较分析

根据上述分析可知,矿区和经济发达地区废弃地防治的主体行为响应主要是对农户和政府两个主体的行为响应进行分析。在矿区和经济发达地区政府对于废弃地防治行为的响应都体现在政策的响应,即政府通过制定政策、法规来防止以及整治废弃地。故在此我们主要讨论矿区和经济发达地区废弃地防治的农户行为响应。根据前文的理论基础分析可知,农户防治行为的响应受农户自身属性因素和外部环境因素两方面的影响,基于此从这两个方面构建了农户行为响应的影响因素指标体系,并通过构建 Logistic 模型对农户行为响应的影响因素进行了分析。根

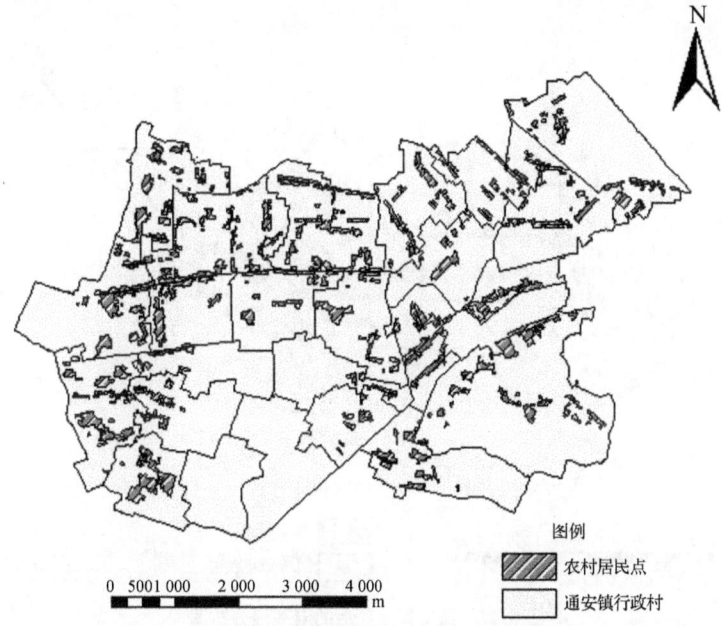

图 6.25 通安镇农村居民点现状图

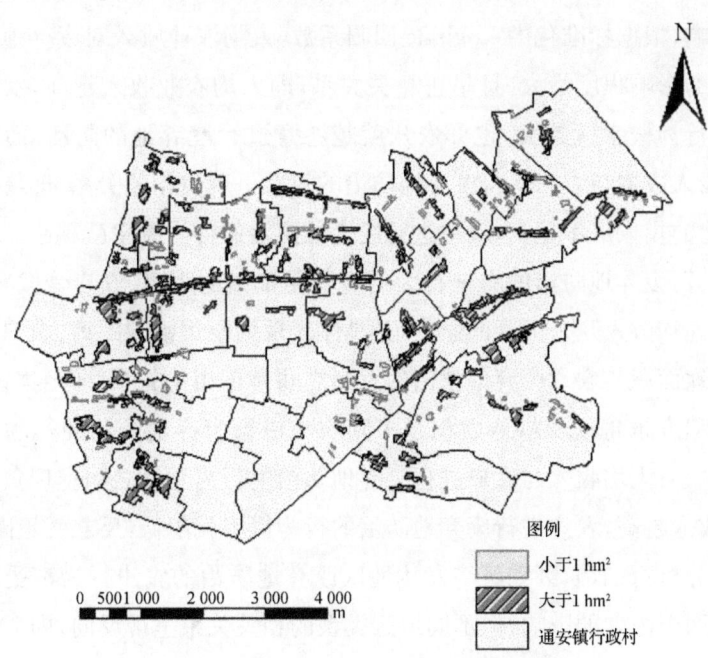

图 6.26 通安镇小于 1 hm² 农居点的提取

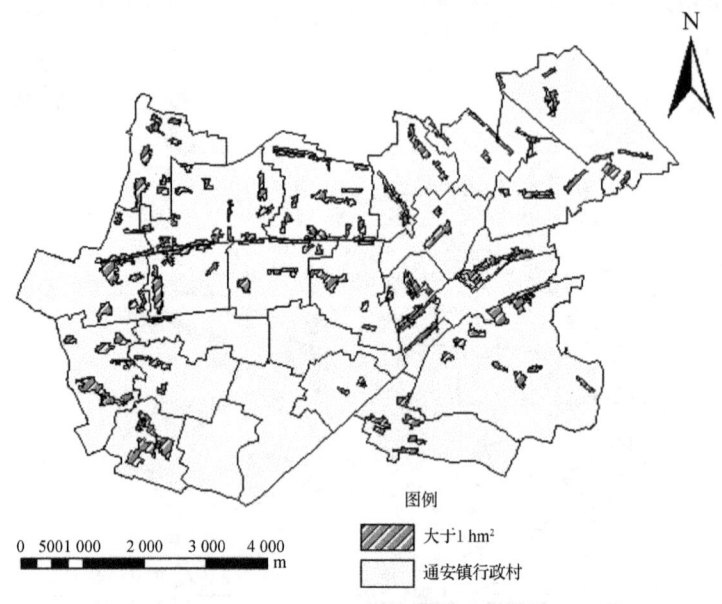

图 6.27 通安镇合并后的宅基地分布图

据上述分析结果可知,矿区的农户行为主要受耕地面积、农作物投入成本和人均农业收入的影响,根据标准化的 Logistic 回归系数,人均农业收入对废弃地防治的农户行为响应的影响程度最大,且呈正相关关系,即人均农业收入越高,农户进行废弃地防治的行为概率就越大,也即农户就越愿意进行废弃地的防治;而耕地总面积、农作物投入成本与农户进行废弃地防治的意愿呈现负相关关系,即耕地总面积越大,农作物的投入成本越高,农户进行废弃地防治的行为概率就越小。对于经济发达地区而言,废弃地防治的农户行为响应受距集镇的距离、农户受教育程度、耕地面积以及人均收入几个因素的影响,其具体表现为距集镇的距离、农户的受教育程度以及耕地面积与农户废弃地整治的意愿之间是正相关关系,即距集镇越远、农户的受教育程度越高以及耕地面积越多则农户进行废弃地防治的行为概率就越大,反之就越小;人均收入与农户进行废弃地防治的行为意愿之间呈现负相关的关系,即人均收入越高,农户进行废弃地防治的行为概率就越低,反之就越高。

由以上分析可知,矿区和经济发达地区废弃地防治的农户行为都受耕地面积和人均收入两个因素的影响,但不同地区类型的相关关系呈现反向,即矿区农户废弃地防治的行为与耕地面积呈负相关,而与人均农业收入呈正相关,也就是说,农户拥有的耕地面积越少,农户更愿意进行废弃地的防治,可见农户对于土地的依赖程度较大,土地是保证农户生存的基本生活资料,当农户的耕地面积减少时,农户为了满足自身基本的生存要求将更倾向于进行废弃地的整治以增加耕地的面积,保证基本的生存。另一方面,矿区废弃地主要是由于采矿引起的塌陷地、压占地以及退化地,对于矿区废弃地防治的行为将是一种投资行为,且需要投入较多的资金,当农户的人均农业收入较高时,其对于农业种植的积极性较高,又因自身的经济能力较强,因而愿意进行废弃地的防治。经济发达地区的农户防治行为与耕地面积之间呈现正相关关系,这主要是由于经济发达地区,其经济发展水平和城市化发展程度都处于较高的水平,农民的就业机会较多,因此农户的行为受经济效益的驱动更为显著。耕地面积越大越有利于农民进行规模化的经营,从而获得更多的收益。耕地面积越小,根据实地调研可知,农户更倾向于将土地流转出去以全身心的投入非农生产,获得更多的经济收益,这降低了农户进行废弃地防治的行为倾向。此外,对于经济发达地区而言,农户的就业机会较多,收入来源较广泛。人均收入越高,农户保证自身生存的能力越强,根据马斯洛需求层次理论,当农户的收入达到一定程度,能够完全满足基本的生存需求时,则更倾向于追求更高一级的需求,从而降低了农户对于土地的依赖程度,进而对于废弃地防治的意愿程度降低;反之,当农户的收入较低时,为了保证自身基本的生存需求,对土地的依赖程度较大,更愿意进行废弃地的防治。除此之外,矿区农户废弃地防治行为还受农作物投入成本的影响,由此可见,矿区农户废弃地的防治行为主要受农业比较收益的影响。而对于经济发达地区而言,农户的防治行为除了受人均收入与耕地面积影响之外,还受距集镇的距离和农户受教育程度的影响,可见经济发达地区,由于城市化水平的快速发展,离集镇越近的区域经济发展水平越高,且农户离集镇越近获取信息的速度越快,从事非农活动的几率也就越大,对于土地的依赖程度也就越小,进而使得废弃地防治的意愿程度越低;反之,农户对于土地的依赖程度越大,对于废弃地防治的意愿也就越强烈。对于农户的受教育程度而言,在经济发达地区,农户的生活水平已经超出了仅仅满足基本生存需求的阶段,也即农户的生存能力较强,此时,受教育程度越高,对于土地的稀缺性以及生态环境保护的认识能力越强,使得对于废弃地的防治意愿越强烈。

综上所述,矿区废弃地防治的农户行为主要取决于农业的比较收益,即农户对于土地的依赖程度较大,当农业的比较收益越大,农户的人均农业收入越高时,农户进行废弃地防治的意愿越强烈;而经济发达地区废弃地防治的农户行为响应主要受经济利益的驱动,农户对于土地的依赖程度低于矿区,尤其是离集镇较近、人均收入较高的农户其从事非农的机会较多,进行废弃地防治的意愿也较低,反之当其从事非农的机会减少,对于保障基本生存的能力减弱时,则对于废弃地防治的意愿增强。

6.5 废弃地防治的对策建议

目前我国正处于城市化快速发展、经济水平不断提升的阶段,人多地少的基本国情决定了集约节约的用地原则。然而近年来废弃地的数量不断增加,不仅加剧了原本紧张的人地矛盾,同时对人类生存的生态环境造成了严重的危害。因此进行废弃地的防治是摆在我们面前刻不容缓的艰巨任务。本书从废弃地的概念入手,在对废弃地的分类、形成机理以及防治的主体行为响应进行基础理论分析的基础上,通过选择矿区和经济发达地区两个实证区域进行了实例验证分析,根据废弃地防治的农户行为响应的 Logistic 回归模型的分析结果,针对目前存在的问题,提出以下对策建议:

(1) 提高农作物种植补贴标准,降低农户农作物种植成本

2004 年我国推行种粮直补政策,虽然对于增加粮食生产、增加农民收入以及提高农民种粮积极性有一定的推动作用,但是由于补贴标准过低,该补贴政策未能发挥实际作用。首先,由于近年来农资价格每年都有小幅度上涨,而粮价却难以上升,使得农民种植农作物的成本不断增加,负担不断加重,农业比较效益低下,严重影响了农民对土地经营的积极性。根据对研究区域的调查,虽然种粮亩均补贴由原来的 10 元提高到了 30 元,然而与现实每亩平均 300 元左右的种植成本相差甚远。因此,提高补贴标准很有必要,以免补贴政策带来的实惠被农资涨价抵消,影响农民种粮积极性。其次,目前农户种植作物逐渐趋于多元化,不仅仅局限于水稻和小麦。根据实地的调研,矿区的大部分耕地由于不同程度的塌陷受损,引起了暂时的积水或地块不平整的情况,不能种植水稻,只能种植其他作物如玉米、大豆、油菜、棉花等;而在经济发达地区,由于经济利益的驱动,农民们越来越多地种植经济作物如花卉、林木等。因此在粮食生产不断稳定的前提下,种粮补贴的范围应逐步向经济作物扩展,如棉花、油菜等,鼓励农民多种经营,充分调动农民对土地经营的积极性。由于农作物种植成本与农户废弃地防治的行为呈负相关关系,因此,提高

农作物种植补贴标准,不仅仅降低了农作物种植成本,增加了粮食生产,提高了农民对土地经营的积极性,还增加了农户对废弃地整治的积极性。

(2) 提高农业经营的收入

农户的农业经营收入与农户对废弃地整治的积极性具有正相关关系,增强农户进行废弃地整治的能力和积极性,其关键在于不断地提高农户农业经营的收入水平。目前,我国农户较低的收入水平与农业比较效益的低下对农户的废弃地整治决策和投入能力构成了直接的影响。因此,不断提高农户的家庭收入水平,引导农户增加对废弃地整治的投入是当前我国废弃地整治必须解决的一个问题。然而我国长期以来国家确定的农产品收购价格低于市场价格造成农民的收入水平较低,因此必须依据恰当的市场均衡价格,优化农业资金的投入,支持粮油等大宗农作物的生产,对优质产品实行优质优价政策,引导农民进行农业生产结构调整,同时对农业生产资源实行最高限价,降低农民生产成本,采取各方面措施提高农民的农业收入,进而增加其对农业生产的投资,提高进行废弃地整治的积极性。

(3) 建立农户废弃地整治的保障制度

废弃地整治是一个投入性的活动,且其整治后长期的收益大于近期,有利于土地、社会和生态效益的可持续发展。但是由于废弃地本身的特点,比如塌陷废弃地,从开始显现塌陷特征到最后的稳沉需要一个较长期的过程,对整个过程的整治需要投入较大的财力和人力,因此废弃地整治的补偿扶持制度的完善程度直接决定着农户整治的意愿。在我国废弃地的整治虽然受到政府和专家学者的高度重视,且专门的整治公司也在不断崛起,然而我国农户整治的模式以及对农户整治的补偿扶持政策目前还是空白。因此,应当建立起一套农户废弃地整治的技术指导、资金扶持和农户整治后土地利用效益、产权保障补偿的制度,同时对于进行废弃地整治的农户给予一定的奖励优惠政策,以调动农户整治的积极性,进而保证废弃地整治的广度和深度。

(4) 强化土地的供后监管制度,完善政府的用地政策

政府作为国家以及地方区域的宏观管理机构有着强制性的行政权力。因此政府的政策将直接影响着民众的行为,在土地资源管理和土地利用中,应当完善政府的各项用地政策。政府用地政策的完善将保证土地利用合理的程度以及土地资源集约节约使用的程度。调查显示,在现实的政府用地政策中,不完善行为主要表现在供地、征地以及批地等几个环节,而且目前闲置地在废弃地中的比重最大,尤其

是政府在各类工业园区以及经济开发区的建设中,往往是盲目的占地、疯狂的征地,结果导致大量空闲地产生,严重地浪费了大量的土地资源。在现实的调查中,大部分土地都已经被征用,但是由于没有计划指标而不能供地,导致已征用的土地闲置废弃。因此应当强化政府供地后的监管制度,提高已供土地的利用率,避免土地的长期闲置,促进土地资源的有效利用。此外,政府还应加强相关部门机构对于用地政策的执行力度。1996年针对开发区建设中出现的大量闲置土地现象,政府相继出台了闲置土地的处置办法条例,但是至今仍有许多土地闲置,可见执行力度不够。总之从政府的行为角度考虑,完善用地政策将能够从源头上制止征而未用、批而未供等闲置地的出现。

(5) 完善土地市场化程度,规范工业用地价格

由于取得土地的成本过低,促使企业和农户肆意占用大量土地。尤其是目前各地的工业用以都是以低于土地成本价来获取,甚至有些地方政府为了招商引资以零地价来供地。这不仅造成了国家国有资产的流失,助长了大量低水平重复建设,同时也扰乱了土地市场。也正是由于这种低的土地成本促使企业占地的行为,进而产生了大量的闲置废弃地。造成土地资源的严重浪费。因此应建立合理透明的招、拍、挂土地市场,规范政府的供地行为;增加政府供地行为的透明度,建立土地价格的市场形成机制;增强政府调控土地市场的能力。谭丹(2007)对土地市场化的研究表明,不断创新土地市场政策对于提高土地资源的市场化配置程度有着重要的作用,从而维持了土地利用效益的提升;除此之外,在研究中还表明借助税收杠杆和制度作用,可提高城市工业等用地保有成本,促进低效、空闲用地的流转与使用。可见,完善土地市场化程度、规范合理的工业用地价格对于促进低效和闲置地的流转与使用有着重要的作用。

(6) 加强土地利用的监督体系

不仅政府自身的行为直接导致废弃地形成,同时其各种指令、政策文件成为推动农户和企业产生废弃地的源动力。废弃地形成的政府行为主要体现在政府的建设行为和政府的用地政策。对于政府的建设行为而言,其制定的文件、政策本身是推动经济社会发展,节约集约用地,然而,在实施的过程中却产生一系列新的土地问题。如新农村建设活动,初衷是通过变零散宅基地为集中居住来整理村庄,以达到集约用地的原则。但是在实际的操作中,人们片面地理解为大拆大建,在大拆大建的过程中,由于没有对地方区域的合理统一规划,造成村庄搬迁的不一致,导致

先搬的农户房屋处于闲置。因此应完善土地利用的监督体系,加强规范用地行为,避免废弃地的产生。

(7) 建立废弃地的整治与建设用地指标相挂钩的政策体系

随着城镇化和工业化的快速发展,各类建设对用地的需求量不断增加,使土地资源供需矛盾的不断突显。在新一轮的土地利用总体规划中,我国严格的耕地保护制度以及生态建设用地,导致建设用地数量指标紧缺。对于地方政府而言,新增建设用地数量指标越多,地方经济发展空间越大,因此新增建设用地指标成为地方政府在新一轮规划中最为关心的问题。根据废弃地的两面性特征,废弃地也是后备土地资源,若对其采取合理地整治措施则将转变为可资利用的土地资源。因此,为了促进废弃地的整治,将废弃地的整治纳入土地利用总体规划的新增建设用地的指标之中,建立已整治的废弃地数量与建设用地指标之间直接挂钩的政策体系,可提高政府废弃地整治的积极性,同时也可提高土地资源的集约节约利用程度,拓展土地利用的空间,缓解用地矛盾。

(8) 加大废弃地整治效益的宣传力度

根据对废弃地整治的认知分析可知,大部分农户认为废弃地的整治与自己无关,只有当农民自家的耕地被损坏,不能继续耕种,威胁到农民的基本生活时,农户才会进行废弃地的整治,以满足自身,最基本的生活需求,而只要不威胁到自己的生活,农户是不愿意去进行废弃地的整治,因此,应加大宣传力度,告知废弃地整治后可获得的长远利益,增加农民进行整治的意识和责任。

6.6 本章小结

本章主要针对废弃地较多的矿区大吴镇和经济发达地区高新区的废弃地形成情况,分别从分类、形成机理以及防治行为几个方面进行了实证分析,其结论主要有以下几个方面:

(1) 废弃地类型的划分

根据废弃地分类体系,矿区大吴镇的废弃地可分为 4 个二级类,即闲置地、污染地、损毁地及退化地和 8 个三级类,即空闲地、废弃农用地、废弃建筑物、工业污染地、压占地、塌陷地、挖损地、其他退化地,其中以塌陷地所占的比重最大,占废弃地总面积的 62%;其次为闲置地,占废弃地总面积的 22%。在塌陷地中以积水塌陷地为主,占总塌陷地面积的54%。对于经济发达地区高新区,结合问卷调查和实地调查,依据分类体系,可将废弃地分为闲置地、污染地和损毁地3个二级类和空闲地、废弃农用地、废弃建筑物、废弃交通及设施用地、工业污染地、挖损地6个三级类。高新区的废弃地主要为闲置地;闲置居民点虽然所占比重较小,但分布范围比较广,大多数村庄都存在闲置房屋,是经济发达地区较为普遍存在的废弃地类型。

(2) 废弃地的形成机理分析

对于废弃地的形成机理分两个方面分析,即宏观机理和微观机理。一方面,对矿区和经济发达地区的宏观机理进行分析。对于矿区大吴镇而言,其宏观背景环境是正处于经济快速发展、产业结构转型调整的阶段,且面临着"退二进三"的产业转移。而对于经济发达地区通安镇而言,其宏观环境是正处于经济快速增长、产业结构优化升级阶段。宏观驱动力的分析表明矿区大吴镇和经济发达地区通安镇的废弃地形成都不仅受经济因素的驱动,还受社会人文因素的影响。另一方面,从微观主体行为入手,对矿区和经济发达地区废弃地形成的微观机理进行了分析。结果表明:① 农户行为。废弃地形成的农户行为主要表现在两个方面,首先表现在农户生产行为。矿区大吴镇的农户生产行为主要受矿区和农业比较收益高低的影响;而经济发达地区通安镇的农户生产行为对于废弃地的形成影响较小;其次表现在农户对居住用地的利用行为。对于矿区大吴镇而言,农户的建房、搬迁以及从业方式等行为方式直接影响着闲置房屋的形成;而经济发达地区通安镇几乎每个村都有5%～10%的闲置房屋,主要是由农户的建房行为引起。② 企业行为。在矿区,企业行为主要表现为企业的生产和搬迁行为,其中企业的生产行为导致了大量塌陷地、压占地、污染地以及退化地的产生,而搬迁行为导致了闲置厂区以及房屋的形成;经济发达地区企业行为主要表现为企业的占地行为,其生产和搬迁行为相对较弱。其中企业的占地行为形成大量的闲置地;而生产行为导致区域内污染水面的形成,搬迁行为表现为厂区关闭或搬迁,进而导致原厂区闲置废弃。③ 政府行为。在大吴镇和高新区政府行为都表现为用地政策行为与建设行为,其中用地政策行为导致征而未用、供而未用等闲置地的产生,而建设行为形成了挖废大坑、新农村建设中的闲置地等废弃地的形成。

此外,矿区和经济发达地区的主体行为之间通过相互的交互行为影响导致废弃地的产生。分析表明,企业的生产行为不仅导致大量塌陷、污染以及压占废弃的形成,同时也推动农户撂荒土地、房屋闲置等行为的发生,即企业的行为影响着农户的行为;农户的行为又滋生了企业的占地行为、生产行为。可见农户的行为间接影响着企业的行为,而企业行为直接推动着农户的行为。政府行为对企业和农户行为在宏观上进行着引导和强化,推动着企业和农户行为的发生,进而导致废弃地的产生。

(3) 废弃地防治行为响应分析

对废弃地的防治行为响应主要对农户防治行为和政府防治行为进行分析。① 通过废弃地防治的农户行为响应的影响因素指标体系的建立以及对 Logistic 回归模型的分析可知,矿区大吴镇废弃地防治农户行为响应的影响因素为耕地面积、农作物投入成本和人均农业收入。废弃地防治的农户行为响应与耕地面积和农作物投入成本之间呈负相关关系,即耕地面积越大、农作物的投入成本越大,农户进行废弃地防治投入的风险就越大,农户进行废弃地防治的意愿程度就越低;而人均农业收入越高,农户能够承受的投资能力就越强,农户进行废弃地防治的意愿就越强,且人均农业收入对农户废弃地防治行为的影响程度最大。而经济发达地区通安镇废弃地整治的农户行为响应的影响因素为距集镇的距离、农户平均受教育年限、耕地面积、人均收入,其中人均收入影响最大。废弃地防治的农户行为响应与距集镇的距离、农户平均受教育年限和耕地面积之间呈现正相关关系,与人均收入呈负相关关系。即当距集镇的距离越远、农户平均受教育年限越多以及耕地面积越大时,农户进行废弃地防治行为的概率将越大;而人均收入越高时,农户进行废弃地防治行为的概率将越小。由此可见矿区废弃地防治的农户行为主要取决于农业的比较收益,而经济发达地区废弃地防治的农户行为响应主要受经济利益的驱动。② 废弃地防治的政府行为响应主要体现在直接整治和间接政策影响两个方面。

(4) 废弃地防治的政策建议

在对废弃地形成机理以及防治行为分析的基础上,总结了废弃地防治的政策建议,主要有:① 提高农作物种植补偿标准,降低农作物种植成本;② 提高农业经营收入;③ 建立农户废弃地整治的保障制度;④ 强化土地的供后监管制度,完善政府的用地政策;⑤ 完善土地市场化程度,规范工业用地价格;⑥ 建立废弃地整治与建设用地指标相挂钩的政策;⑦ 加强土地利用的监督体系;⑧ 加大废弃地整治效益的宣传力度。

参 考 文 献

[1] A Governmental Statistical Service Information Bulletin presenting the National Land Use Database (NLUD)－Provisional Results for Previously Developed Land in England, DETR (Department of the Environment, Transport and the Regions)[R]. http://www.nlud.org.uk, 1999.

[2] Aberdeen City Vacant and Derelict Land Survey 2009, www.aberdeencity.gov.uk.

[3] Adamec J. Land Use Classification Study, FAO, Rome, First draft, 1992, 35.

[4] ADAMEC J. Land Use Classification Study. FAO, Rome, First draft, 1992, 35.

[5] Anderson J R, Hardy E E, Roach J T. A Land use classification system for use with remote sensor data. U. S. Geological Survey, Circular No. 671, U. S. Govt. Printing Office, Washington, D. C. ,U. S. A. ,1972.

[6] Anderson J R, Hardy E E, Roach J T, et al. A Land Use and Land Cover Classification System for Use with Remote Sensor Data. United States Government Printing Office, Washington, D. C. , U. S. A. ,1976.

[7] Arend L, Arnold K, van Ron L. Multi－actor－based Land Use Modelling: Spatial Planning Using Agents[J]. Landscape and urban planning, 2001, 56: 21-33.

[8] Ariel E. Lugo, Eileen Helmer. Emerging forests on abandoned land: Puerto Rico's new forests[J]. Forest Ecology and Management, 2004, 190: 145-161.

[9] Ariya Aruninta. WiMBY: A comparative interests analysis of the heterogeneity of redevelopment of publicly owned vacant land [J].

Landscape and Urban Planning, 2009, 93: 38-45.

[10] Barrow C J. Land Degradation[M]. Cambridge University Press, 1991: 1-13.

[11] Batty M. Agents, Cells, and Cities: New Representational Models for Simulating Muhiscale Urban Dynamics[J]. Environment and Planning(A), 2005, 37: 1373-1394.

[12] Bradshaw A D and Chadwick M J. The Restoration of Land. Berraley: University of California Press, 1980

[13] Brotherton, I. What limits participation in Environmentally Sensitive Areas? [J]. Journal of Environmental Management, 1991, 32: 241-249.

[14] David Rhind and Ray Hudson. Land Use [M]. London: Methuen, 1980, 3-11.

[15] Dawn C. Parker, et al. Multi-agent systems for the simulation of land-use and land-cover change: a review, 2002.

[16] Dawn C. Parker, Steven M. Manson, Marco A. Janssen, Matthew J. Hoffmann, Peter Deadman. Multi-Agent Systems for the Simulation of Land-Use and Land-Cover Change: A Review. Annals of the Association of American Geographers, 2003, 93(2): 314-337.

[17] Dicken P. Global Shift: Reshaping the Global Economic Map in the 21st Century[M]. London: Sage Publication, 2003.

[18] Dorsey J W. Brownfields and greenfields: the intersection of sustainable development and environmental stewardship. Environmental Practice (5) 1, March. 2003.

[19] Durfee E H, et. al. Trends in Cooperative Distributed Problem Solving[J]. IEEE Transactions on Knowledge and Data Engineering, 1989, 1(1): 63-83.

[20]

[21] ECE-UN, Standard international Classification of Land Use. Commission and Economic Commission for Europe, UN, Geneva, 1989.

[22] Ferrand N. Modeling and supporting multi-actor planning using multi-agent

systems. 3rd NCGIA Conference on GIS and environment modeling, Santa Barbara, 1996.

[23] Frank Broughton. The reclamation of derelict land for agriculture: Technical, economic and land-use planning issues[J]. Landscape Planning, 1985, 12(1): 49-74.

[24] Franklin S., Graesser A. Is it an agent, or just a program?: a taxonomy for autonomous agents. Proceedings of the Workshop on Intelligent Agents III, Agent Theories, Architectures, and Languages, Springer, 1996, 21-35.

[25] Gilbert, N., Troitzsch, K. G... Simulation for the Social Scientist(Second Edition)[M]. Open University Press, 2005.

[26] Greenberg, M., Lowrie, K., Mayer, H., Miller, K., Solitare, L.. Brownfields as a smart growth option in the United States. The Environmentalist 21, 2001: 29-143.

[27] GTZ. Land Use Planning: methods, strategies and tools[M]. GTZ, Eschborn, 1995.

[28] Gwilliam M. Something old, something new (brownfield sites)[J]. Planning, 1997, 1233: 21-26.

[29] Harvey D. From Managerialism to Entrepreneurialism: The Transformation in Urban Governance in Late Capitalism[J]. Geografiska Annaler, 1989, 71B(1): 125-133.

[30] http://www.aila.org.au/information/landscape-architecture/about-information.htm.

[31] http://www.asla.org/nonmembers/publicrelations/What_ is_ ASLA.cfm

[32] http://www.eclas.org/content/about_ eclas/goals_ origins.php

[33] Ian L. McHarg. Design with namre[M]. New York: J. Wiley, 1992

[34] Isaac D. Property Valuation Principles[M]. Palgrave, London, 2002

[35] Janssen M A(Ed.). Complexity and Ecosystem Management: The Theory and Practice of Multi-Agent Systems [M]. Cheltenham, U. K., and Northampton, Mass: Edward Elgar Publishers, 2002.

[36] Johnsson, B. Production technology forces driving land use change in

Sweden, in Land-use Change: Causes and Consequences. ed. Whitby. M. HMSO: London, 1992.

[37] Jordan W, Gilpin M E and Aber J D. Restoration Ecology: A Synthetic Approach to Ecological Research. Cambridge university Press, 1987.

[38] Julia Schindler. A multi-agent system for simulating land-use and land-cover change in the Atankwidi catchment of Upper East Ghana[D]. Rheinischen Friedrich-Wilhelms-Universität Bonn, 2009.

[39] Liu Y S, Wang D W, Gao J. Land use/cover changes, the environment and water resources in Northeast China[J]. Environmental Management. 2005, 36(5): 691-701.

[40] Maclaren V W. Urban sustainability reporting[J]. Journal of the American Planning Association, 1996, 62 (2), 184-202.

[41] McMillan, A. A., Powell, J. H.. BGS Rock Classification Sheme, Volume 4: Classification of artificial (man-made) ground and natural superficial deposits—applications to geological map and datasets in the UK. British Geological Survey Research Report, RR 99-04. nNERC Copyright 1999 British Geological Survey, Nottingham, Contributors: Evans, C. D. R., Irving, A. A. M., Merritt, J. W., Morigi, A. N., Northmore, K. J., 1999.

[42] Michael Laurie. Landscape architecture and the changing city [M]. Landscapearchitecture: ecological design and planning. New York: JohnWiley & Sons,1993. 155-165.

[43] Michael Murray, John Green. Participatory Planning as Dialogue: The Northern Ireland Regional Strategic Framework and its Public Examination Process[J]. Policy Studies, 2002, 23(14): 332-340.

[44] Michael Romeril. The Restoration of Land: The Ecology and Reclamation of Derelict and Degraded Land[J], The Environmentalist, 1981,1(2): 174-175.

[45] Northam Ray M. Urban Geography[M]. New York: John Wiley & Sons, 1975:66.

[46] ODPM (Office of the Deputy Minster). Planning Policy Guidance Note 3 (PPG 3), HMSO, London., 2002.

[47] Potter C. Conservation under a European farm survival policy[J]. Journal of Studies, 1990, 6:1-7.

[48] Potter C, Lobley M. The conservation status and potential of elderly farmers: results from a survey in England and Wales[J]. Journal of Rural Studies, 1992, 8(2): 133-143.

[49] Pu L J, Yang G S, Xu M J. Characteristics and process of land use Change in the Yangtze River Delta, China[J]. Pedosphere, 2001, 11(3): 193-198.

[50] Remmelzwaal A., Classification of Land Cover and Land Use, 1st Approach, FAO, 1989, 15.

[51] Roberts P W, Joy V R, Alker S C. Towards a brownfield sites taxonomy: issues in the definition and classification of problems and potentials, paper presented at the Remediation of Brown field Sites for Housing Conference, October (Birmingham, Aston University), 1998.

[52] Sandra A, Victoria J, Peter R, et al.. The Definition of Brownfield [J]. Journal of Environmental Planning and Management, 2000, 43(1), 49-69.

[53] Schulman M D, Zimmerm C, Danaher W F. Survival in agriculture: Linking macro-and micro-level analyses[J]. Sociologic Ruralis, 1994, 34: 229-251.

[54] Scottish Vacant. Derelict Land Survey Update for City of Edinburgh Council 2008, www.aberdeencity.gov.uk.

[55] Shucksnuth M. Farm household behaviour and the transition to post-productivism[J]. Journal of Agricultural. Economics, 1993, 44: 466-479.

[56] Simons R A. Turning Brownfields Into Greenbacks: Developing and Financing Environmentally Contaminated Urban Real Estate. Urban Land Institute, Washington, DC., 1998.

[57] Standard international Classification of Land Use. Commission and Economic Commission for Europe, UN, Geneva.

[58] Steiner D. In automatic interpretation & classification of Images (A. Grasselli ed.)[M]. Academic Press, New York, 1969.

[59] Steven M. Manson, Agent-Based Dynamic Spatial Simulation of Land-Use/Cover Change in the Yucatán, Peninsula, Mexico[C]. 4th International Conference on Integrating GIS and Environmental Modeling (GIS/EM4): Problems, Prospects and Research Needs. Banff, Alberta, Canada, September 2-8, 2000.

[60] Syms P M. The funding of developments on derelict and contaminated sites [J]. Industrial Property Policy and Economic Development, 1994, 63–82.

[61] TER-UTI Classification. Enquête Utilisation du Territoire, Nomenclature Utilisée, Ministère de l'Agriculture et de la Pêche SCEES, Paris, 1994, 17.

[62] Thrower N J, Senger LW. Land use mapping of Southwestern United States from satellite imageries. American Astronautics Society Nat'l Meeting, New Mexico State University. Las Cruces, 1969.

[63] Tom Turner. Landscape Planning and Environmental Impact Design[M]. England: UCL Press, 1998.

[64] UK land Use Classification. National Land Use Classification, London, 1972, 101.

[65] US Environmental Protection Agency. Brownfield Economic Redevelopment Initiative [M]. Washington DC: US Environmental Protection Agency, Solid Waste and Emergency Response, 1997.

[66] Vanheusden B. Towards a Legal Framework in the EU for Brownfield Redevelopment [J]. European Environmental Law Review, 2003, 12(6): 178–186.

[67] W G Ernst (ed.). Earth Systems: Processes and Issues. Cambridge: Cambridge University[M] Press, 2000.

[68] Xu W, Tan K C. Impact of reform and economic restructuring on rural systems in China: A case study of Yuhang, Zhejiang[J]. Journal of Rural Studies, 2002, (18): 65–81.

[69] 摆万奇. 深圳市土地利用动态趋势分析[J]. 自然资源学报, 2005, 15 (2):

112-116.

[70] 蔡远龙. 土地分类的理论与方法[A]. 土地科学与区域开发[M]. 上海：上海科学技术文献出版社，1992，45-51.

[71] 蔡运龙. 中国经济快速发展中的耕地问题[A]. 国家土地管理局科技宣教司等. 土地用途管制与耕地保护[C]. 北京：北京大学出版社，1997：1-12.

[72] 曹康，金涛. 国外"棕地再开发"土地利用策略及对我国的启示[J]. 中国人口·资源与环境，2007，17(6)：124-129.

[73] 陈蓓. 谈可持续发展工业废弃地景观改造[J]. 城市，2009，5：60-64.

[74] 陈波，包志毅. 国外采石场的生态和景观恢复[J]. 水土保持学报，2003，17(5)：71-73.

[75] 陈芳清，卢斌，王祥荣. 樟村坪磷矿废弃地植物群落的形成与演替[J]. 生态学报，2001，21(8)：1347-1353.

[76] 陈芳清，张丽萍，谢宗强. 三峡地区废弃地植被生态恢复与重建的生态学研究[J]. 长江流域资源与环境，2004，13(3)：286-291.

[77] 陈江龙. 经济快速增长阶段农地非农化问题研究[D]. 南京：南京农业大学，2003.

[78] 陈利顶，傅伯杰. 榆林地区无定河流域土地生态系统分类与评价[J]. 土坡侵蚀与水土保持学报，1996，2(2)：57-65.

[79] 陈灵芝，陈伟烈. 中国退化生态系统研究[M]. 北京：中国科学技术出版社，1995.

[80] 陈佑启，唐华俊. 我国农户土地利用行为可持续性的影响因素分析[J]. 中国软科学，1998，9：93-96.

[81] 程连生，冯文勇，蒋立宏. 太原盆地东南部农村聚落空心化机理分析[J]. 地理学报，2001，56(4)：437-446.

[82] 程水英，李团胜. 土地退化的研究进展[J]. 干旱区资源与环境，2004，18(3)：38-43.

[83] 仇同文. 从工业废弃地到游憩场所的景观改造与更新[J]. 环境与保护，2009，4(18)：44-46.

[84] 崔光华. 矿企业遗留废弃土地复垦途径探讨[J]. 煤矿环境保护，1991，16(1)：61-63.

[85] 但乘龙. 可持续土地利用规划理论与方法研究[D]. 南京：南京农业大学, 2002.

[86] 董晓波. 耕地抛荒问题的实证研究[J]. 农业技术经济, 2007, 26(8): 104-106.

[87] 杜存文. 垃圾废弃地的杨树造林模式探讨[J]. 安徽林业科技, 2000, 4: 21-22.

[88] 高林. 德兴铜矿矿山废弃地植被恢复与重建研究[J]. 生态学报, 2001, 21(11): 1931-1940.

[89] 高向军, 罗明, 龙花楼. 基本农田保护区内采矿废弃地的生态重建[J]. 农业工程学报, 2005, 21(7): 52-55.

[90] 高召坤. 用"市场之手"打造"绿色银行"：江都多元投入整治河堤废弃地[J]. 国土资源, 2001(5): 30-31.

[91] 戈峰, 刘向辉, 潘卫东, 等. 蚯蚓在德兴铜矿废弃地生态恢复中的作用. 生态学报, 2001, 21(11): 1790-1795.

[92] 格默尔 R P. 工业废弃地上的植物定居[M]. 倪彭年, 等, 译. 北京: 科学出版社, 1987.

[93] 关文彬, 谢春华, 马克明, 等. 景观生态恢复与重建是区域生态安全格局构建的关键途径[J]. 生态学报, 2003, 23(1): 64-73.

[94] 郭少锋. 城市工业废弃地生态修复与更新思路初探[D]. 天津：天津大学, 2007.

[95] 韩云霞, 李民赞, 李道亮. 基于光谱学与遥感技术的矿区废弃地土壤特性参数分析[J]. 吉林大学学报(工学版), 2009, 39(1): 254-258.

[96] 何清涟. "九十年代的'圈地运动'". 90年代中国农村状况：机会与困境[M]. 香港：中文大学出版社, 1998, 43-55.

[97] 贺金生, 陈伟烈, 江明喜, 等. 长江三峡地区退化生态系统植物群落物种多样性特征[J]. 生态学报, 1998, 18(4): 399-407.

[98] 胡加林, 邓绍平, 胡细英. 参与式林业调查规划技术研究[J]. 林业资源管理, 2002, 4: 17-20.

[99] 黄琦. 参与式理论在土地整理项目规划中的运用研究[D]. 武汉：华中农业大学, 2008.

[100] 黄义雄. 厦门海沧采石废弃地景观生态重建探究[J]. 福建师范大学学报（自然科学版），2002，12(1)：112-115.

[101] 黄意，黄贤金. 农地流转中的妇女决策行为影响因素分析——以江苏省泰州市农村调查为例[J]. 中国土地科学. 2005，19(6)：12-15.

[102] 黄玉. 乡村中国变迁中的地方政府与市场经济[M]. 广州：中山大学出版社，2009，158-160.

[103] 贾及鹏. 城市工业区改扩建的理论方法研究[D]. 西安：西安建筑科技大学，2001.

[104] 姜海. 转型时期农地非农化机制研究[D]. 南京：南京农业大学，2006.

[105] 姜志德. 土地资源可持续利用概念的理性思考[J]. 西北农林科技大学学报（社会科学版），2001，1(4)：57-61.

[106] 蒋满元，唐玉斌. 矿业废弃地对环境的扰动及其有效化解的对策选择[J]. 环境科学与管理，2008，33(3)：73-78.

[107] 金其铭. 人地关系论[M]. 南京：江苏教育出版社，1993.

[108] 赖力. 参与——农村发展的新思路[J]. 贵州农业科学，2004，32(6)：80-81.

[109] 李存芳，周德群，葛世龙. 可耗竭资源型企业转移区位选择行为研究进展及启示[J]. 经济地理，2009，29(8)：1288-1292.

[110] 李冬生，陈秉钊. 上海市杨浦老工业区工业用地更新对策——从"工业杨浦"到"知识杨浦"[J]. 城市规划学报. 2005,(1)：44-50.

[111] 李刚，邢书宝. 基于多主体建模资源可持续利用研究[J]. 计算机技术与发展，2007，17(8)：92-98.

[112] 李洪远，鞠美婷. 生态恢复的原理与实践[M]. 北京：化学工业出版社，2005：207.

[113] 李郇，符文颖，刘宏锋. 经济全球化背景下的产业空间重构[J]. 热带地理，2009，29(5)：454-459.

[114] 李建强，诸培新，陈江龙. 土地开发整理农户行为响应机制研究[J]. 中国人口·资源与环境，2005，15(4)：74-78.

[115] 李江华，赵景柱，赵小敏. 新一轮土地利用总体规划修编中参与式方法的应用[J]. 中国土地科学，2005，19(4)：48-50.

[116] 李君,李小建. 河南中收入丘陵区村庄空心化微观分析[J]. 中国人口·资源与环境,2008,18(1):170-175.

[117] 李琪,王晔. 经济全球化与中国的前景产业导向[J]. 经济学家,2003,4:50-54.

[118] 李树国,马仁会. 对我国土地利用分类体系的探讨[J]. 中国土地科学,2000,14(1):39-40.

[119] 李伟,郝晋珉. 中国土地利用系统与管理理念特征分析[J]. 中国土地科学,2008,22(9):3-7.

[120] 李小云. 参与式发展概论 理论—方法—工具[M]. 北京:中国农业大学出版社,2001:15-36.

[121] 李晓文,方精云,朴世龙. 上海城市土地利用形成、变化及其空间作用机制[J]. 长江流域资源与环境,2006,15(1):34-40.

[122] 李新举,胡振琪,李晶,等. 采煤塌陷地复垦土壤质量研究进展[J]. 农业工程学报,2007,23(6):276-280.

[123] 李永庚,蒋高明. 矿山废弃地生态重建研究进展[J]. 生态学报,2004,24(1):95-100.

[124] 厉伟. 城市化进程与土地持续利用[D]. 南京:南京农业大学,2002.

[125] 梁留科,常江,吴次芳,等. 德国煤矿区景观生态重建/土地复垦及对中国的启示[J]. 经济地理,2002,22(6):711-715.

[126] 林超. 世界各国土地分类单位等级系统对比[A]. 土地科学与区域开发[M]. 上海:上海科学技术文献出版社,1992:42-44.

[127] 林毅夫. 制度技术与中国农业发展[M]. 上海:上海人民出版社,2005.

[128] 刘伯英. 城市工业地段更新的实施类型[J]. 建筑学报,2006(8):21-23.

[129] 刘成武,李秀彬. 1980~2002年中国农地利用变化的时序特征[J]. 农业工程学报,2006,22(4):194-198.

[130] 刘飞,陆林. 采煤塌陷区的生态恢复研究进展[J]. 自然资源学报,2009,24(4):612-620.

[131] 刘抚英. 中国矿业城市工业废弃地协同再生对策研究[D]. 北京,清华大学,2007.

[132] 刘海龙. 采矿废弃地的生态恢复与可持续景观设计[J]. 生态学报,2004,

24(2):323-329.

[133] 刘恒保. 试析影响农户积累的若干因素和建议[J]. 江汉大学学报(社会科学版),1981,4:48-50.

[134] 刘惠清,龙花楼. 为生态建设服务的吉林省西部景观类型研究[J]. 地理研究,1998,17(4):389-397.

[135] 刘仁芙. 我国土地复垦形势与政策建议[J]. 中国土地,2002(3):31-34.

[136] 刘伟,濮励杰,李乔. 城市边缘区土地利用的研究方向探讨[J]. 城市研究,1998,70(3):58-61.

[137] 刘卫东,张国钦,宋周莺. 经济全球化背景下中国经济发展空间格局的演变趋势研究[J]. 地理科学,2007,27(5):609-616.

[138] 刘小平,黎夏,叶嘉安. 基于多智能体系统的空间决策行为及土地利用格局演变的模拟[J]. 中国科学 D 辑,2006,36(11):1027-1036.

[139] 刘彦随. 保障我国土地资源安全的若干战略思考[J]. 战略与决策研究,2006,21(5):379-384.

[140] 刘彦随. 区域土地利用系统优化调控的机理与模式[J]. 资源科学,1999,21(4):60-65.

[141] 刘彦随. 中国土地可持续利用论[M]. 北京:科学出版社,2008.

[142] 龙花楼,李裕瑞,刘彦随. 中国空心化村庄演化特征及其动力机制[J]. 地理学报,2009,64(10):1203-1213.

[143] 龙花楼. 我国开发区土地可持续利用的可操作化途径[D]. 北京:北京大学,1999.

[144] 卢纹岱. SPSS for Windows 统计分析(第三版)[M]. 北京:电子工业出版社,2006.320-327.

[145] 陆大道. 1997 中国区域发展报告[M]. 北京:商务出版社,1997.

[146] 马鸿运. 中国农户经济行为研究[M]. 北京:人民出版社,1993.

[147] 麦克哈格. 设计结合自然[M]. 芮经纬,译. 北京:建筑工业出版社,1992,6-30.

[148] 倪绍祥. 土地类型与土地评价概论(第二版)[M]. 北京:高等教育出版社,1999.

[149] 牛星. 区域土地利用系统演化分析与状态评价研究[D]. 南京:南京农业大

学，2008.

[150] 牛彦军. 城市化过程中土地可持续利用研究——以安阳市城市化发展为例[D]. 北京：中国地质大学，2008.

[151] 欧名豪. 土地利用管理[M]. 北京：中国农业出版社，2002.

[152] 彭补拙，高中贵. 长江三角洲地区土地利用变化及对策研究[J]. 第四纪研究，2004，24(4)：506-510.

[153] 彭补拙，周生路. 土地利用规划学[M]. 南京：东南大学出版社，2003.

[154] 彭翀. 城市群空间运行及其机理研究——以辽中城市群为例[D]. 南京：南京大学，2008.

[155] 彭翀. 大城市居住用地扩展的MAS/LUCC模型研究[D]. 武汉：武汉大学，2005.

[156] 彭凤，李福重. 武汉硃山矿区采石废弃地景观生态重建研究[J]. 资源环境与工程，2008，22(4)：447-450.

[157] 彭少麟. 恢复生态学与植被重建[J]. 生态科学，1996，15(2)：12-16.

[158] 曲福田，吴郁玲. 土地市场发育与土地利用集约度的理论与实证研究——以江苏省开发区为例[J]. 自然资源学报，2007，22(3)：445-454.

[159] 沈瑾，赵铁政. 棕地与绿色空间网络——唐山南湖采煤沉陷区空间再利用[J]. 建筑学报，2006，8：28-30.

[160] 石玉林. 关于《中国1∶100万土地资源图土地资源分类工作方案要点》(草案)的说明[J]. 自然资源，1982(2)：63-69.

[161] 束文圣，杨开颜，杨兵，等. 湖北铜绿山古铜矿冶炼渣植被与优势植物的重金属含量研究[J]. 应用与环境生物学报，2001，7(1)：7-13.

[162] 孙丹峰. 民勤1988～1997年间土地荒漠化社会经济驱动力分析[J]. 农业工程学报，2005，21(增)：131-135.

[163] 孙青丽. 20世纪废弃地景观改造的价值分析[J]. 山西建筑，2007，33(5)：350-352.

[164] 孙泰森，白中科. 大型露天煤矿废弃地生态重建的理论与方法[J]. 水土保持学报，2001，15(5)：56-71.

[165] 孙晓伟. 循环经济理念的企业行为分析[J]. 生态经济，2009,10：66-69.

[166] 孙中和. 中国城市化基本内涵与动力机制研究[J]. 财经问题研究，2001，

11：38-43.

[167] 谈明洪，李秀彬，吕昌河. 我国城市用地扩张的驱动力分析[J]. 经济地理，2003，23(5)：635-639.

[168] 汤学虎，基于干扰理论的城市废弃地再利用策略研究[D]. 上海：同济大学，2008.

[169] 田胜尼，孙庆业，王铮峰，等. 铜陵铜尾矿废弃地定居植物及基质理化性质的变化[J]. 长江流域资源与环境，2005，14(1)：88-93.

[170] 涂小松. 环太湖地区土地利用变化与城乡用地优化研究[D]. 南京：南京大学，2009.

[171] 万卫红. 经济全球化对产业发展的影响及其差异性分析[J]. 当代财经，2006，12：95-100.

[172] 王长坤. 基于区域经济可持续发展的城镇土地集约利用研究[D]. 天津：天津大学，2007.

[173] 王成新，姚士谋，陈彩虹. 中国农村聚落空心化问题实证研究. 地理科学，2005，25(3)：257-262.

[174] 王亮，穗房宣，叶卡斯. 广东低效用地两百万亩，广州或到国外买地租地[N]. 广州日报，2008，6，25.

[175] 王仕菊. 农村土地整治的农户行为响应机理初步研究——以江苏吴江典型区农户调查为例[D]. 南京：南京大学，2009.

[176] 王万茂，韩桐魁. 土地利用规划学[M]. 北京：中国农业出版社，2002.

[177] 王万茂. 土地利用规划学[M]. 北京：中国大地出版社，2000.

[178] 王向荣，任京燕. 从工业废弃地到绿色公园——景观设计与工业废弃地更新[J]. 中国园林，2003：3-18.

[179] 王仰麟，韩荡. 矿区废弃地复垦的景观生态规划与设计[J]. 生态学报，1998，18(5)：455-462.

[180] 王仰麟. 景观生态分类的理论方法[J]. 应用生态学报，1996，7(增)：121-126.

[181] 卫智军，李青丰，贾鲜艳，杨静. 矿业废弃地的植被恢复与重建[J]. 水土保持学报，2003，17(4)：172-175.

[182] 吴次芳，叶艳妹. 土地科学导论[M]. 北京：中国建材工业出版社，1995，

141-158.

[183] 夏夏.从废弃地走向城市景观[D].南京:南京林业大学,2007.

[184] 肖笃宁,钟林生.景观分类与评价的生态原则[J].应用生态学报,1998,9(2):217-221.

[185] 薛力.城市化背景下的"空心村"现象及其对策探讨:以江苏省为例[J].城市规划,2001,25(6):8-13.

[186] 闫文德,向建林,田大伦.湖南湘潭矿业废弃地土壤特性研究[J].林业科学,2006,42(4):12-18.

[187] 闫小培,毛蒋兴,普军.巨型城市区域土地利用变化的人文因素分析——以珠江三角洲地区为例[J].地理学报,2006,61(6):613-623.

[188] 阳承胜,蓝崇钰,束文圣.矿业废弃地生态恢复的土壤生物肥力[J].生态科学,2000,19(3):73-78.

[189] 杨涛,朱博文,雷海章,等.对农村耕地抛荒现象的透视[J].中国人口·资源与环境,2002,12(2):133-134.

[190] 杨天华,王芳."三项整治"掀高潮,南阳盆地奏新篇[J].河南国土资源,2004,10:18.

[191] 杨修,高林.德兴铜矿矿山废弃地植被恢复与重建研究[J].生态学报,2001,21(11):1932-1941.

[192] 叶敬忠,杨照,王德海.发展项目设计中的参与式社会经济评估方法——以某治林治沙项目为例[J].中国农业大学学报(社会科学版),2006,63(2):6-11.

[193] 尹俊,谢俊奇,王力,等.基于RS的城市土地集约利用评价方法研究[J].自然资源学报,2007,22(5):775-782.

[194] 俞孔坚,石春,林里.生态系统服务导向的城市废弃地修复设计——以天津桥园为例[J].现代城市景观,2007(8):18-22.

[195] 虞莳君.废弃地再生研究[D].南京:南京农业大学,2007.

[196] 庾德昌.农民贫富探源——农户经济行为分析[M].北京:中国财政经济出版社,1996.

[197] 袁丽丽.城市化进程中城市土地可持续利用研究[D].武汉:华中农业大学,2005.

[198] 曾麟,王革华,张阿玲. 农户种植能源作物甜高粱的决策模型[J]. 清华大学学报(自然科学版),2009,49(3):443-446.

[199] 张艾蕊. "空心村"问题分析及对策探讨——陕西澄城县农村废弃宅基地调查引发的思考[J]. 理论专刊,2008,5:73-74.

[200] 张风荣. 持续土地利用管理的理论与实践[M]. 北京:北京大学出版社,1996.

[201] 张金牡,吴波,沈体雁. 基于Agent模型的北京市土地利用变化动态模拟研究[J]. 东华理工学院学报,2004,27(1):80-83.

[202] 张金伟,常江. 城市废弃地景观与生态恢复研究[J]. 现代城市景观,2007,11:40-49.

[203] 张丽芳,濮励杰,涂小松. 废弃地的内涵、分类及成因探析[J]. 长江流域资源与环境,2010,19(2):182-185.

[204] 张平宇. 英国城市再生政策与实践[J]. 国外城市规划. 2002,(3):39-41.

[205] 张庭伟. 1990年代中国城市空间结构的变化及其动力机制[J]. 城市规划,2001,17(3):5-8.

[206] 张庭伟. 社会资本社区规划及公众参与[J]. 城市规划,1999,10:23-26.

[207] 张晓云. 沈阳市铁西工业区城市更新研究[D]. 哈尔滨:哈尔滨工业大学,2001.

[208] 张毅川,齐安国,乔丽芳,等. 城郊废弃地景观改造研究——以新乡市世利农业园为例[J]. 中国地质灾害与防治学报,2007,18(1):144-146.

[209] 张圆. 贵阳市废弃地复垦开发研究[J]. 贵州教育学院学报,2001,12(2):51-55.

[210] 章超. 城市工业废弃地的景观更新研究[D]. 南京:南京林业大学,2008.

[211] 赵方莹. 北京铁矿废弃地植被恢复技术与效应研究[D]. 北京:北京林业大学,2008.

[212] 赵国玲,杨钢桥. 农户宅基地流转意愿的影响因素分析—基于湖北二县市的农户调查研究[J]. 长江流域资源与环境,2009,18(12):1121-1124.

[213] 赵陟峰,郭建斌,景峰,等. 山西葛铺煤矿矿区废弃地植被恢复与重建技术[J]. 水土保持研究,2009,16(2):92-100.

[214] 郑通汉. 开发区的空间布局[J]. 引进与咨询,1994,2:40-43.

[215] 智军,李青丰,贾鲜艳,杨 静.矿业废弃地的植被恢复与重建[J].水土保持学报,2003,17(4):172-175.

[216] 周陶洪.旧工业区城市更新策略研究——以北京为例[D].北京:清华大学,2005.

[217] 朱会义,何书金,张明.环渤海地区土地利用变化的驱动力分析[J].地理研究,2001,20(6):669-678.

[218] 邹磊,孙长雄,吴杨.循环经济的企业行为模式研究[J].哈尔滨理工大学学报,2009,14(6):124-128.

[219] 龙花楼.论土地利用转型与土地资源管理[J].地理研究,2015,34(9):7-18.

[220] 刘彦随,乔陆印.中国新型城镇化背景下耕地保护制度与政策创新[J].经济地理,2014,34(4):1-6.